大家小书

中国哲学与未来世界哲学

冯友兰 著　王碧滢 编

北京出版集团公司
北京出版社

图书在版编目（CIP）数据

中国哲学与未来世界哲学 / 冯友兰著；王碧滢编.— 北京：北京出版社，2020.2
（大家小书）
ISBN 978-7-200-15097-1

Ⅰ. ①中… Ⅱ. ①冯… ②王… Ⅲ. ①哲学—对比研究—中国、外国 Ⅳ. ① B2

中国版本图书馆 CIP 数据核字（2019）第 187456 号

总 策 划：安　东　高立志　　项目统筹：邓雪梅
责任编辑：高立志　　　　　　责任印制：陈冬梅
装帧设计：金　山

·大家小书·

中国哲学与未来世界哲学

ZHONGGUOZHEXUE YU WEILAI SHIJIEZHEXUE

冯友兰　著

出　　版	北京出版集团公司
	北京出版社
地　　址	北京北三环中路 6 号
邮　　编	100120
网　　址	www.bph.com.cn
总 发 行	北京出版集团公司
印　　刷	北京华联印刷有限公司
经　　销	新华书店
开　　本	880 毫米 ×1230 毫米　1/32
印　　张	11.125
字　　数	181 千字
版　　次	2020 年 2 月第 1 版
印　　次	2023 年 4 月第 2 次印刷
书　　号	ISBN 978-7-200-15097-1
定　　价	48.00 元

如有印装质量问题，由本社负责调换
质量监督电话　010-58572393

总　　序

袁行霈

"大家小书",是一个很俏皮的名称。此所谓"大家",包括两方面的含义:一、书的作者是大家;二、书是写给大家看的,是大家的读物。所谓"小书"者,只是就其篇幅而言,篇幅显得小一些罢了。若论学术性则不但不轻,有些倒是相当重。其实,篇幅大小也是相对的,一部书十万字,在今天的印刷条件下,似乎算小书,若在老子、孔子的时代,又何尝就小呢?

编辑这套丛书,有一个用意就是节省读者的时间,让读者在较短的时间内获得较多的知识。在信息爆炸的时代,人们要学的东西太多了。补习,遂成为经常的需要。如果不善于补习,东抓一把,西抓一把,今天补这,明天补那,效果未必很好。如果把读书当成吃补药,还会失去读书时应有的那份从容和快乐。这套丛书每本的篇幅都小,读者即使细细地阅读慢慢地体味，也花不了多少时间，可以充分享受读书的乐趣。如果把它们当成补药来吃也行，剂量小，吃起来方便，消化起来也容易。

我们还有一个用意，就是想做一点文化积累的工作。把那些经过时间考验的、读者认同的著作，搜集到一起印刷出版，使之不至于泯没。有些书曾经畅销一时，但现在已经不容易得到；有些书当时或许没有引起很多人注意，但时间证明它们价值不菲。这两类书都需要挖掘出来，让它们重现光芒。科技类的图书偏重实用，一过时就不会有太多读者了，除了研究科技史的人还要用到之外。人文科学则不然，有许多书是常读常新的。然而，这套丛书也不都是旧书的重版，我们也想请一些著名的学者新写一些学术性和普及性兼备的小书，以满足读者日益增长的需求。

"大家小书"的开本不大，读者可以揣进衣兜里，随时随地掏出来读上几页。在路边等人的时候，在排队买戏票的时候，在车上、在公园里，都可以读。这样的读者多了，会为社会增添一些文化的色彩和学习的气氛，岂不是一件好事吗？

"大家小书"出版在即，出版社同志命我撰序说明原委。既然这套丛书标示书之小，序言当然也应以短小为宜。该说的都说了，就此搁笔吧。

我的父亲冯友兰

冯钟璞

1990年11月26日那凄冷的夜晚,父亲那永远在思索的头脑进入了永恒的休息。

我从小至大,直到后来工作,都没有离开家。尤其是母亲去世以后,照顾父亲就成了我的重任。有朋友对我说:"你自己就是一个字不写,把老先生照顾好,你的功劳就够大了。"我是努力去做的。我常觉得,我不只对父亲尽孝心,我是对中国文化尽一个炎黄子孙的孝心。

从日常生活中,我觉得父亲的精神有两点应该说一说。一是爱祖国,一是爱思想。

爱祖国不是空泛的。他爱自己的家乡,爱自己的亲人,爱祖国大地的山山水水,爱北京的每一个角落,爱北大、清华的校园,更爱祖国的文化。这是一种很美好的感情。他曾自己给北大的亭台楼阁起名字,我记得现在鸣鹤园小山上的亭子叫作西爽亭。那时人们很少闲情逸致，顾不上他的这些创作。他的头脑是一座资料库，除了藏有大量经史典籍，还有大量诗文。他常在三松下小坐，津津有味地背诵。一次我们比赛，他把《秋兴八首》一字不漏地背出来，我却不能。他坐在那里，思接千里，联系着祖国的历史和未来，联系着祖国的天空和大地。他对祖国的深切感情使他永远不离开祖国的土地，终生在这片土地上服务。

父亲热爱思想。他在《新原人》里说，人的特点就是有觉解，也就是有思想。有了思想的光辉，世界才有意义。"天不生仲尼，万古如长夜"，柏拉图著名的洞穴比喻也是父亲常爱引用的。因为无时无刻不在思想，他对外界事物，尤其是生活琐事有些漠然。"文革"中，我家只剩下一间房子，一切活动都在其中。一次我回家，母亲包了些饺子，等到要煮时，却找不到了，找了半天，后来才发现父亲正坐在这盘饺子上，他毫无感觉。"文革"中常有批斗，一次批斗十分凶猛，父亲回家来稍事休息，平静地对母亲说："我们吃饭吧。"母亲言及时不觉泪下。父亲的精神中有一块思想圣地，尽管也受时代的沾染，留着烙印，但他"所挟持者甚大"，所以虽从荆棘中走过，仍是泰然自若。

现在有些青年学者对冯学甚感兴趣，有人自称到了痴迷的地步，也有人对他仍持批判态度。这里用一个"仍"字，是因冯学的发展是从批判中过来的，这在学术史中并不多见。冯友兰哲学有一个特点，就是不只属于哲学界、学术界，而且属于普通人。在文学上我们有些作品可以做到雅俗共赏，在哲学上很少有人能做到这一点，冯学可以说是做到了。我们常收到各种各样读者来信。也有登门造访的，询问冯著出版情况，叙说他们喜欢读冯先生的书。有一位读者说，他经常读《中国哲学史》和"贞元六书"。他不能说出具体的收获是什么，但觉得读了和不读不一样，感到舒服。大概这就是"受用"吧。父亲去世七年以后，还有一位在人生道路上遇到了困惑的女青年从东北边陲写信来，要求冯爷爷帮助她。照说哲学似乎是没什么实际用途，冯学在普通人中的影响，说明哲学对于人们的精神境界的作用。

20世纪50年代初，各大学进行院系调整，父亲回到北大任教，燕园成为他一生居住最长的地方。当时各方面都在探索，对"资产阶级思想"甚为顾忌。父亲曾有一句话："家藏万贯，膝下无儿。"他以不能将自己的学问传下去为憾。据说当时江隆基副校长曾多次引用这句话。在越来越"左"的路线指引下，不要说一家之言，连整个的中国文化传统都割断了，还有什么可说。幸好我们迎来了改革开放的新时期，各种学说渐渐地可以研究探讨传播,这才有了中华民族的生机。父亲就是在这时,以年过八旬的高龄开始并最终完成了他晚年的巨著《中国哲学史新编》,创造了人类文化史上的奇迹。我要说一句,尽管经历过各种危难,各种折磨,各种痛苦,中国学者们仍然继续传承,继续创造,无论是哲学方面还是文学方面,中国文化的主流仍在祖国的本土,绝不在任何另外的地方。

曾有人问父亲,谁是他最敬仰的人。他答称是他的母亲吴清芝太夫人和蔡元培先生。他曾说:"蔡先生是中国近代的大教育家,这是人们所公认的。我在'大'字上又加了一个'最'字,因为一直到现在我还没有看见第二个像蔡先生那样的大教育家。"

作为数十年都在父亲身边的女儿,照理说对他应该有深入的了解。但是我无哲学头脑,只能从生活中窥其精神于万一。根据父亲的说法,哲学是对人类精神的反思。他自己就总在思索,在考虑问题。因为过于专注,难免有些呆气。他晚年耳目失其聪明,自己形容自己是"呆若木鸡"。其实这些呆气早已有之。抗战初期,几位清华教授从长沙往昆明,途经镇南关,父亲手臂触城墙而骨折。金岳霖先生一次对我幽默地提起此事,他说:"当时司机通知大家,不要把手放在窗外,要过城门了。别人都很快照办,只有你父亲听了这话,便考虑为什么不能放在窗外,放在窗外和不放在窗外的区别是什么,其普遍意义和特殊意义是什么。还没考虑完,已经骨折了。"这是形容父亲爱思索。他那时正是因为在思索,根本就没有听见司机的话。

父亲的生命就是不断地思索,不论遇到什么挫折,遭受多少批判,他仍顽强地思考,不放弃思考。不能创造体系,就自我批判,自我批判也是一种思考。而且在思考中总会冒出些新的想法来。他自我改造的愿望是真诚的,没有经历过20世纪中叶的变迁和六七十年代的各种政治运动的人,是很难理解这种自我改造的愿望的。首先,一声"中国人民站起来了"促使多少有智慧的人开始了浪漫主义畅想。其次,知识分子前冠以资产阶级,位置固定了,任务便是改造,又怎能知是之为是,自非之为非?第三,各种知识分子的处境也不尽相同,有的居庙堂而一切看得较为明白,有的处林下而只能凭报纸和传达,也只能信报纸和传达,其感受是不相同的。

幸亏有了新时期,人们知道还是自己的头脑最可信。父亲明确采取了不依傍他人,"修辞立其诚"的态度。我以为,这个"诚"字并不能与"伪"字相对。需要提出"诚",需要提倡说真话,这是我们这个时代的悲哀。

我想历史会对每一个人做出公允的、不带任何偏见的评价。

历史不会忘记有些微贡献的每一个人，而评价每一个人时，也不要忘记历史。

父亲曾经在一篇文章中提出民主的四个条件。第一，要有"人是人"的认识。人是有独立人格、自由意志的，不能成为他人的工具；驱使别人、让别人成为自己的工具是不道德的行为。第二，对一切事物都应有多元论的看法，不能执一见而概括一切。儒家特别重视"和"，"和"就必须有异，把各种"异"调和起来就是"和"；五味俱全，八音齐奏，可以得到"和"；如果只有一种的味、一样的音，就只是"同"不是"和"了。第三，要有超越感，不能以自己的观点权衡其他的一切，互容相让，才能有民主的可能。第四，要有幽默感，对任何不如意的事都能一笑置之，这样才容得各种不同意见。文中所谈民主的四个条件，也是对生活的一种态度。

父亲是有这样的胸襟的，也许到了廓然大公的境界，所以他能度过常人所不能忍受的艰难坎坷。一位哲学界人士回忆说，有一次开会，所有的人都批评冯先生，中午休息时，他踌躇着想去安慰几句，不想冯先生已经靠在沙发上照常午休，安然入睡。他觉得常人真难以做到。批冯的人很多，有时并不讲理，父亲从不计较，在家里从未说过哪个人不好，只笼统地说他们也是为形势所迫。父亲是这样宽容，事事为别人着想，这都是中国哲学给他的力量。

父亲曾提出,大学教育的目的之一,是要让人能够欣赏古往今来美的东西。他本想在完成《中国哲学史新编》这部大书以后,写一些艺术感受,题名为《余生札记》,已成一篇《论形象》,从杜甫的《丹青引》谈起,讨论美术创作。可是,《新编》以后的余生很短,他已经泪干丝尽,不得不带着满脑子的"非常可怪之论"远去了。那些发光的"非常可怪之论",究竟还有多少,内容是什么,能够给人的精神世界增加怎样的活力,永远不能为人所知了。这不能不说是我们的遗憾。

父亲的趣味很广泛,对文学艺术有许多见解。他告诉我,昆曲音乐中直起直落的变化,称为"方笔";北京城里钟楼和鼓楼的气韵不同。他讲过,一位朋友看晚年程砚秋的演出,程一出台,甚显胖大,这位朋友"哎呀"了一声,心想:这怎么受得了!听了几句之后,觉得完全受得了,再听再看,觉得很愿意"受"。这里没有直接称赞程氏的表演艺术,却让人感到程的表演之高超。我们每年春天要去颐和园,看玉兰,看海棠,看桃花。后山的桃花映着松树,又活泼又庄重,是一幅永远难忘的图画,我们常流连在这幅图画中。父亲却不让任何一种趣味成癖,绝不玩物丧志,他离不开的是哲学。

我和弟弟小时候有一个任务,为父亲研墨、拉纸。父亲写字时，要有人站在桌对面，慢慢把纸拉过去，他好往下写。纸有时要熨，那是母亲的事。家里始终没有预备毛毡一类的铺垫，可见不是书法家。早年父亲是站着写字，写得很直，间隔匀称，自己看看，说行气很好。老来写字，一行字总要向右歪。给我写的一副对联"高山流水诗千首，明月清风酒一船"，下联便是斜的，我称之为斜联。八十五岁以后，他改为坐着写，手抖，字的笔画有时不准确。1982年父亲在哥伦比亚大学接受名誉博士学位，他写了"一别贞江六十春，问江可认后来人；智山慧海传真火，愿随前薪做后薪"赠给美国汉学家狄百瑞教授，那一年，他八十九岁。

20世纪40年代在昆明，施蛰存先生常和父亲在翠湖边散步。父亲赠他两幅字，一幅是"断送一生唯有酒，寻思百计不如闲；莫忧世事兼身事，须著人间比梦间"，另一幅是"鸭绿桑乾尽汉天，传烽自合过祁连；功名在子何殊我，唯恨无人着先鞭"。"断送一生唯有酒"是韩愈的《游城南十六首·遣兴》，"鸭绿桑乾尽汉天"一首，我原以为是父亲自作，后来知道这是陆游的诗。前几年嘉德公司举行字画拍卖专场，其中有父亲的一副对联，写的是"功名在子何殊我，唯恨无人着先鞭"这两句，笔迹饱蕴秀气。这是父亲书法的特点。

北大程道德先生曾送来一本《二十世纪中国文化名人墨

迹》。程君是书法爱好者,收集了许多书法,影印成册,其中有父亲的一幅"紫光同志属书 灵龟飞蛇感逝川,豪雄犹自意惘然;但能一滴归沧海,烈士不知有暮年。读曹操《灵龟寿》"。这是父亲在1974年写的一首诗,有小序云:"曹操《灵龟寿》辞意慷慨,然犹有凄凉之感。今反其意而用之。""灵龟寿"显系"龟虽寿"之误。这幅字流落市间,程先生以三千元购得,编入此册。

父亲曾为王伯祥先生写过一个条幅,写的是李翱诗"练得身形似鹤形,千株松下两函经;我来问道无余说,云在青天水在瓶"。40年代父亲常写李翱的两首诗,这是其中之一。王湜华之子王湜华曾将此字拿到我家,让我欣赏。我非常喜欢这幅字,那诗的空灵和字的隽秀浑然一体,沁人心脾。我将此字送到荣宝斋复制,悬于壁间,每日相对。

父亲一生对物质生活的要求很低,他的头脑都让哲学占据了,没有空隙再来考虑诸般琐事。而且他总是为别人着想,尽量减少麻烦。一个人到九十五岁,没有一点怪癖,实在是奇迹。父亲曾说,他一生得力于三个女子:一位是他的母亲、我的祖母吴清芝太夫人,一位是我的母亲任载坤先生,还有一个便是我。1982年,我随父亲访美,在机场上父亲作了一首打油诗:"早岁读书赖慈母,中年事业有贤妻;晚来又得女儿孝,扶我云天万里飞。"确实得有人料理俗务,才能有纯粹的精神世界。近几年,每逢我生日,父亲总要为我撰写寿联。1990年夏,他写了最后一联,联云:"鲁殿灵光,赖家有守护神,岂独文采传三世;文坛秀气,知手持生花笔,莫让新编代双城。"父亲对女儿总是看得过高。"双城"指的是我的长篇小说,曾拟名《双城鸿雪记》,后定名为《野葫芦引》。第一卷《南渡记》出版后,因为没有时间,没有精力,便停顿了。我必须以《新编》为先,这是应该的,也是值得的。当然,我持家的能力很差,料理饭食尤其不能和母亲相比,有的朋友都惊讶我家饭食的粗糙。而父亲从没有挑剔,从没有不悦,总是兴致勃勃地进餐,无论做了什么,好吃不好吃,似乎都滋味无穷。这一方面因为他得天独厚,一直胃口好,常自嘲"还有当饭桶的资格";另一方面,我完全能够体会,他是以为能做出饭来已经很不容易,再挑剔好坏,岂不让管饭的人为难。

父亲自奉甚俭,但不乏生活情趣。他并不永远是道貌岸然,也有豪情奔放、潇洒闲逸的时候,不过机会较少罢了。1926年父亲三十一岁时,曾和杨振声、邓以蛰两先生,还有一位翻译李白诗的日本学者一起豪饮,四个人一晚喝去十二斤花雕。60年代初,我因病常住家中,每天傍晚随父母到颐和园包坐大船,一元钱一小时,正好览尽落日的绮辉。一位当时的大学生若干年后告诉我说，那时他常常看见我们的船在彩霞中漂动，觉得真如神仙中人。我觉得父亲是有些仙气的，这仙气在于他一切看得很开。在他的心目中，人是与天地等同的。"人与天地参"，我不止一次听他讲解这句话。《三字经》说得浅显，"三才者，天地人"。既与天地同，还屑于去钻营什么！那些年，一些稍有办法的人都能把子女调回北京，而他，却只能让他最钟爱的幼子钟越长期留在医疗落后的黄土高原。1982年，钟越终于为祖国的航空事业流尽了汗和血，献出了他的青春和生命。

父亲的呆气里有儒家的伟大精神，"天行健，君子以自强不息"，自强不息到"知其不可而为之"的地步；父亲的仙气里又有道家的豁达洒脱。秉此二气，他穿越了在苦难中奋斗的中国的20世纪。他一生便是20世纪中国文化的一个篇章。

据河南家乡的亲友说，1945年初祖母去世，父亲与叔父一同回老家奔丧，县长来拜望，告辞时父亲不送；而对一些身为老百姓的旧亲友，则一直送到大门。乡里传为美谈。从这里我想起和读者的关系，父亲很重视读者的来信，许多年常常回信，星期日上午的活动常常是写信。和山西一位农民读者车恒茂老人就保持了长期的通信，每索书必应之。后来我曾代他回复一些读者来信，尤其对年轻人，我认为最该关心，也许几句话便能帮助发掘了不起的才能。但后来我们实在没有能力做了。

时间会抚慰一切,但是父亲在初冬深夜去世的景象总是历历如在目前,我想它是会伴随我进入坟墓的了。当晚,我们为父亲穿换衣服时,他的身体还那样柔软,就像平时那样配合。他好像随时会睁开眼睛说一声"中国哲学将来一定会大放光彩"。

目 录

- 001 / 与印度泰谷尔谈话
- 011 / 论"比较中西"
- 019 / 为什么中国没有科学
- 054 / 中国哲学之贡献
- 063 / 名教之分析
- 069 / 泛论中国哲学
- 077 / 中国哲学中之神秘主义
- 098 / 孔子在中国历史中之地位
- 121 / 哲学在当代中国
- 128 / 哲学与逻辑
- 155 / 从中国哲学会说到哲学的用处
- 161 / 论民族哲学
- 177 / 儒家哲学之精神
- 186 / 先秦儒家哲学述评
- 195 / 宋明儒家哲学述评

205 / 中国哲学与民主政治

215 / 中国哲学中之民主思想

225 / 国立西南联合大学纪念碑碑文

230 / 在中国传统社会基础的哲学

252 / 中国哲学与未来世界哲学

267 / 参加印度释迦牟尼逝世二千五百周年纪念的经过和发言

271 / 略论道学的特点、名称和性质

294 / 中国哲学的特质

314 / 哥伦比亚答词

与印度泰谷尔①谈话
——东西文明之比较观

我自从到美国以来,看见一个外国事物,总好拿它同中国的比较一下。起头不过是拿具体的、个体的事物比较,后来渐及于抽象的、普通的事物;最后这些比较结晶为一大问题,就是东西洋文明的比较。这个大问题,现在世上也不知有能解答他的人没有。前两天到的《北京大学日刊》上面,登有梁漱溟先生的"东西洋文明及其哲学"的讲演,可惜只登出绪论,尚未见正文。幸喜印度泰谷尔(Rabindranath Tagore)先生到纽约来了,他在现在总算是东方的一个第一流人物,对于这个问题,总有可以代表一大部分东方人的意见。所以我于11月30日到栈房去见他,问他这个问题。现在将当日问答情形,写在下

---

① 现通译为"泰戈尔"。——编者注

面。顶格写的是他的话，低一点写的是我的话。

中国是几千年的文明国家，为我素所敬爱。我从前到日本没到中国，至今以为遗憾。后有一日本朋友，请我再到日本，我想我要再到日本，可要往中国去，而不幸那位朋友，现在死了，然而我终究必要到中国去一次的。我自到纽约，还没有看见一个中国人，你前天来信，说要来见我，我很觉得喜欢。

现在中国人民的知识欲望，非常发达，你要能到中国一行，自然要大受欢迎。中国古代文明，固然很有可观，但现在很不适时。自近年以来，我们有一种新运动，想把中国的旧东西，哲学，文学，美术，以及一切社会组织，都从新改造，以适应现在的世界……

适应么？那自然是不可缓的。我现在先说我这次来美国的用意。我们亚洲文明，可分两派，东亚洲中国印度日本为一派，西亚洲波斯，亚拉伯①等为一派，今但说东亚洲。中国印度的哲学，虽不无小异，而大同之处很多。西洋文明，所以盛者，因为他

---

① 现通译为"阿拉伯"。——编者注

的势力，是集中的。试到伦敦、巴黎一看，西洋文明全体，可以一目了然，即美国哈佛大学，也有此气象。我们东方诸国，却如一盘散沙，不互相研究，不互相团结，所以东方文明，一天衰败一天了。我此次来美就是想募款，建一大学，把东方文明，聚在一处来研究。什么该存，什么该废，我们要用我们自己的眼光来研究，来决定，不可听西人模糊影响的话。我们的文明，也许错了，但是不研究怎么知道呢？

我近来心中常有一个问题，就是东西洋文明的差异，是等级的差异（Difference of degree），是种类的差异（Difference of kind）？

此问题我能答之，他是种类的差异。西方的人生目的是"活动"（Activity），东方的人生目的是"实现"（Realization）。西方讲活动进步，而其前无一定目标，所以活动渐渐失其均衡。现只讲增加富力，各事但求"量"之增进，所以各国自私自利，互相冲突。依东方之说，人人都已自己有真理了，不过现有所蔽；去其蔽而真自实现。

中国老子有句话是："为学日益，为道日损。"西方文明是"日益";东方文明是"日损",是不是?

是。

但是东方人生,失于太静(Passive),是吃"日损"的亏不是?太静固然,但是也是真理(Truth)。真理有动(Active)、静(Passive)两方面:譬如声音是静,歌唱是动;足力是静,走路是动。动常变而静不变;譬如我自小孩以至现在,变的很多,而我泰谷尔仍是泰谷尔,这是不变的。东方文明譬如声音,西方文明,譬如歌唱;两样都不能偏废;有静无动,则成为"惰性"(Inertia);有动无静,则如建楼阁于沙上。现在东方所能济西方的是"知慧"(Wisdom),西方所能济东方的是"活动"(Activity)。

那么静就是所谓体(Capacity),动就是所谓用(Action)了。

是。

如你所说,吾人仍应于现在之世界上讨生活。何以佛说:现在世界,是无明所现,所以不要现在世界?

这是你误信西洋人所讲的佛教了。西人不懂佛教,即英之达维思夫人（Mrs. Rhys Davids）①，尚须到印度学几年才行。佛说不要现在世界者，是说：人为物质的身体所束缚，所以一切不真；若要一切皆真，则须先消极地将内欲去尽，然后真心现其大用，而真正完全之爱出，爱就是真。佛教有二派：一小乘（Hina-yana），专从消极一方面说；一大乘（Maha-yana），专从积极一方面说。佛教以爱为主，试问若不积极，怎样能施其爱？古来许多僧徒，牺牲一切以传教，试问他们不积极能如此么？没有爱能如此么？

依你所说：东方以为，真正完全之爱，非俟人欲净尽不能出；所以先"日损"而后"日益"。西方却想于人欲中求爱，起首就"日益"了，是不是？

是。

然则现在之世界，是好是坏？

也好也坏。我说他好者，因为他能助心创造（Creation）；我说

---

① 现有译为"瑞斯·戴维兹夫人"。——编者注

他坏者,因为他能为心之阻碍(Obstruction)。如一块顽石,是为人之阻碍;若裂成器具,则是为人用。又如学一语言,未学会时,见许多生字,是为阻碍;而一学会时,就可利用之以做文章了。

依你所说:则物为心创造之材料,是不是?

是,心物二者,缺一不能创造。

我尚有一疑问,佛教既不弃现世,则废除男女关系,是何用意?

此点我未研究,不能答。或者是一种学者习气,亦未可知。

依你所说,则东西文明,将来固可调和;但现在两相冲突之际,我们东方,应该怎样改变,以求适应?从前中国初变法之时,托尔斯泰曾给我们一信,劝我们不可变法。现在你怎样指教我们?

现在西方对我们是取攻势(Aggressive),我们也该取攻势。我只有一句话劝中国,就是:"快学科学!"东方所缺而急需的,就是科学。现在中国派许多留学生到西洋，应该好好的学科学。这事并不甚难。中国历来出过许多发明家，这种伟大民族，我十分相信，他能学科学，并且发明科学的。东方民族，决不会灭亡，不必害怕。只看日本，他只学了几十年的科学，也就强了。不过他太自私，行侵略主义，把东方的好处失了。这是他的错处。

你所筹办的大学，现在我们能怎样帮忙？

这层我不能说，这要人人各尽其力的。中国随便什么事，——捐款，捐书，送教员，送学生，——都可帮助这个大学的。现在我们最要紧的，是大家联络起来，互相友爱；要知道我们大家都是兄弟！

谈到这里，已经是一个钟点过去；我就起身告辞了。泰谷尔先生的意见对不对，是另一个问题；不过现在东方第一流人物对东西文明有如此的见解，这是我们应该知道的。我还要预先警告大家一句，就是泰谷尔的话，初看似乎同从前中国中学为体，西学为用之说，有点相像；而其实不同。中国旧说，是把中学当个桌子，西学当个椅子；要想以桌子为体，椅子为用。这自然是不但行不通，而且说不通了。泰谷尔先生的意思，是说真理只有一个，不过他有两方面，东方讲静的方面多一点，西方讲动的方面多一点，就是了。换句话说：泰谷尔讲的是一元论，中国旧说是二元论。

我现在觉得东方文明，无论怎样，总该研究。为什么？因为他是事实。无论什么科学，只能根据事实，不能变更事实。我们把事实研究之后，用系统的方法记述他，用道理去解说他，这记述和解说，就是科学。记述和解说自然事实的，就是自然科学；记述和解说社会事实的，就是社会科学。我们的记述解说会错，事实不会错。譬如孔学，要把他当成一种道理看，他会错会不错；要把他当成事实看，——中国从前有这个道理，并且得大多数人的信仰，这是个事实，——他也不会错，也不会不错。他只是"是"如此，谁也没法子想。去年同刘叔和谈，他问我："中国对于世界的贡献是什么？"我说："别的我不敢说；但是我们四千年的历史，——哲学，文学，美术，制度……都在内——无论怎样，总可作社会科学，社会哲学的研究资料。"所以东方文明，不但东方人要研究，西方人也要研究；因为他是宇宙间的事实的一部分。说个比喻，假使中国要有一块石头，不受地的吸力，牛顿的吸力律，就会打破，牛顿会错，中国的石头不会错！本志二卷四号所载熊子真先生的信上面的话，我都很佩服；但是不许所谓新人物研究旧学问，我却不敢赞成。因为空谈理论，不管事实，正是东方的病根，为科学精神所不许的。中国现在空讲些西方道理，德摩克拉西①，布尔什维克，说得天花乱坠；至于怎样叫中国变成那两样东西，却谈的人很少。这和八股策论，有何区别？我们要研究事实，而发明道理去控制他，这正是西洋的近代精神！

民国九年②十二月六日作于纽约。

这篇文章做成之后，就寄给志希看，志希来信，说："研究旧东西一段，可否说明以新方法来研究旧东西？……泰氏说的（Realization）一段，我不懂……既然是一件事的两面，就无所谓体，无所谓用，与他自己所说的也有出入。"

我答应说：要是把中国的旧东西当事实来研究，所用的方法，自然是科学方法了。中国的旧方法，据我所知，很少把东西放在一个纯粹客观的地位来研究的，没有把道理当作事实研究。现在要把历史上的东西，一律看着事实，把他们放在纯粹客观的地位，来供我们研究；只此就是一条新方法。不过要免误会起见，多说一两句，自然更清楚。

---

① 现通译为"德谟克拉西"，意为民主。——编者注
② 即1920年。

泰谷尔所谓"实现"一段，据我的意见，是说：西洋人生，没有一定目的，只是往前走；东方却以为人人本已有其真理，只是把它"实现"出来就是。如宋儒之所谓去人欲，复天理，就是这个意思。

志希说："既是一件事的两面，就无所谓体，无所谓用……"我说：惟其有所谓体，有所谓用，所以才是一件事的两面。体用两字，在中国很滥了，但实在他们是有确切意思的。宋儒的书，自然还没有人翻；印度的书，他们翻的时候，"体""用"翻成英文的哪两个字，我还不知道。那天晚上，只是随便抓了一两个英文字就是了。此外如心理学上所谓Organ，Function，伦理学上所谓Character，Action，都可举为体用之例。体与用是相对的字眼，如以Organ为体，则Function便是用，如以Character为体，则Action便是用。没有Organ，就没有Function，没有Function，Organ也就死了。所以两个是只一个东西的两面。宋儒讲体用一源，就是如此。

九年①十二月十日再记

（原载《新潮》第三卷第一期，1921年10月）

---

① 即民国九年，1920年。

论"比较中西"

——为谈中西文化及民族性者进一解

近二三年来,中西文化的主力军,似乎渐渐地接触。从前所谓兵战商战,由今视之,不过如两边先锋队斥候队之小冲突而已。不过因中国文化之先锋队等之节节大败,所以现在西方文化直攻进来,而最后的决战,竟要以中国为战场了。所以近几年来,中国人无不觉得这种战云之弥漫,于是"中西比较"之问题,乃成一种真问题——不是从前做文章所出之题。大概现在中国人无论谈及何事,口头几乎都离不了"中国人怎样……外国人怎样……"之字眼。至于各报纸杂志上各色各样论"中国文化"、"中国民族性"等文字,亦不过此种倾向之系统的表现而已。

所谓"文化"、"民族性",都是空的抽象的字眼,不能离具体的东西而独立。中国文化,就是中国之历史,艺术,哲学……之总和体；除此之外，并没有别的东西，可以单叫作中国文化。所谓文化As such，实际上并没有那个东西。犹之乎北京就是大栅栏，前门，南池子……之总和体，除此之外，更没有另外一种东西，可以单叫作北京。民族性也是如此，它就是中国从古及今，一切圣凡贤愚之行为性格之总和体，除此之外，别无中国民族性。由此而言，则要谈中国文化，及中国民族性，非先把中国的一切东西，及外国的一切东西，都极深研究不可。换一句话说，就是非把现在人类所有的知识，都极深研究不可。这种大业，就是孔子，亚里士多德复出，恐怕也要敬谢不敏。这须得很多专家，经很长时间，许多"史"才能济事。以现在情形而论，这些人物及"史"之实现，至少要在数十年百年以后，到那时候，中西孰优孰劣，自然而见。但我恐怕那时人对于中西文化之比较，也就无大兴趣。人若永远有兴趣于文化比较，为什么西洋很少著比较文化——如希腊罗马文化之比较等等——的书呢？

我说中国人现在有兴趣于比较文化之原因，不在理论方面，而在行为方面；其目的不在追究既往，而在预期将来。因为中国民族，从出世以来，轰轰烈烈，从未遇见敌手。现在他忽逢劲敌，对于他自己的前途，很无把握。所以急于把他自己既往的成绩，及他的敌人既往的成绩，比较一下。比较的目的，是看自己的能力，究竟够不够。这一仗是不是能保必胜。好像秀才候榜，对于中不中毫无把握，只管把自己的文章，反复细看，与人家的文章，反复比较。若是他中不中的命运，已经确定，那他就只顾享那中后的荣华，或尝那不中后的悲哀，再也不把自己的文章，与人家的文章反复比较了。

中国人所以急于要知道中西文化及民族性的优劣之缘故，即是如此；知道中西文化及民族性之优劣以后的行为上的结果，也可想而知。假使他知道中国文化好，他就相信自己的能力，他就敢放胆前进；他若知道中国文化坏，他就不相信自己的能力，他就要因失望而丧其勇气。所以我说这个问题是"真"问题。因为他与目前的行为，有莫大关系，我们的态度，要视他之如何解决为转移，所以中国人于此，要想立时得个圆满的答案，于是不能等上文我所说之迟延办法，而立时就有人出来发表意见。

切实研究，既一时不能有效，所以具体的事实，都没有清理出来，而发表意见的人，都是从他们各人的主观的直觉，去下些判断。此一是非，彼一是非，是非无穷，永远不能解决。因为文化与民族性，如我上文所说，是个包罗一切的总名，其中是龙蛇混杂，什么都有。这个人说中国有某某坏人，某某坏事，就抓住他们以为中国之代表，而把中国大骂一顿。那个人说中国有某某好人，某某好事，也抓着他们以为中国之代表，而把中国大恭维一顿。其实中国好坏人好坏事都有，而一件事实，又差不多都可从好坏两方面看，所以这些辩论，也不能说他对，也不能说他不对，这就是中国官场的套话，所谓"事出有因，查无实据"。就是康德《纯粹理性评判》中所谓之Antinomy，就是俗话中所谓"公说公有理，婆说婆有理"。

我现在再假设几个辩论以为说明。

说中国民族性好的人说：

（一）中国人酷爱和平，是莫大的美德。

（驳）这正是中国懦怯的表现。

（二）中国人注重智慧，以士为社会领袖，因此可以使社会往善美一路走。

（驳）中国人多空言而少实际，多虚想而轻实验，弊正在于只重读书人。

（三）中国重视道德。有才无德之人，不为社会所重，由此则坏人不易逞其才以为恶。

（驳）中国人头脑不清，混道德与才艺为一谈；因此使许多天才不能充分发达。

说中国民族性不好的人说：

（一）中国人缺少同情心。

（驳）中国主张爱有差等，施由亲始。此最合中庸之道。

（二）中国人无主义，好调和。

（驳）中国历史上忠义之多，为世界所罕见，"宁为断头将军，不为降将军"，非无主义；调和正是从容中道。不可谓非。

（三）中国人不重个性。

（驳）中国人教人视社会为重，自己为轻，重利他不重利自，正是好处，不得为非。

以上所列，不过随便写下几条，其实如此之类，多不胜出。徒空言不能解决此大问题，我想也不必再加证明了。

不过这个问题，既系目前之真问题，与行为攸关，我们不能置之不问，亦不能留以有待，空言既不能解决，我们究竟怎么样呢？

我说我们所以对于这个问题有兴趣的原因，既在行为方面，那么我们现在也可在行为方面，给他找个解决。若行为方面找解决，那就正用着詹姆斯（William James）所说的"意志信仰"（The will to believe）了。"意志信仰"，就是于两个辩论之中，挑一个与我的意志所希望相合的而信仰之。有许多人误会詹姆斯的意思，以为我们如凡问题皆不明白解决，只随意信仰，那不是自欺欺人吗？那么Will to believe岂不就等于Will to deceive吗？不知詹姆斯所谓用意志去信仰之适用，是有限制的。大概需要而且可以适用"意志信仰"的问题，须要具备下列条件：

（一）此问题所论及之事，须与人为有关。

（二）此问题须与目前刻不容缓之行为，有直接关系。

（三）此问题之答案之为正为负，于此行为之结果，有莫大影响。

（四）此答案正负两方面之理论上的根据，均极充足；理论上不能证明孰是孰非。

譬如我们算一算学问题，其解决与目前行为并无关系，那么今天不解决，明天再算不迟。上列条件无一具备，我们当然要纯用智力去解决它，不能亦不可用意志去信仰。若是我们在深山之中，前有深渊，后有猛虎，我若跳过深渊，就可逃出性命。此深渊之宽我似能跳过，而又前无经验，不敢必有把握。但是我若自信我能跳过，我就立时胆大气壮，而只此胆大气壮，就能使我跳过，就能使我所信是真。我若自信我跳不过，我就立时胆怯腿战，而只此胆怯腿战，就能使我跳不过，也就能使我所信是真。在这些情形之下，问题之解决，既刻不容缓，而我之所信，就能使他自己实现而是真。那么为什么不"用意志去信仰"呢？现在我们中西文化比较的问题，还不是恰如此例吗？现在说中国文化不比西洋为劣者，及说中国文化比西洋为劣者，两方皆有理由，如上所说，理论上现在不能证实孰是孰非。那么我们为什么不"用意志去信仰"呢？我们若信中国文化，至少与西洋平等，那就证实我们的才能，至少亦与西洋人平等，我们就胆大气壮，而只此胆大气壮，就是我们得胜之重要条件，因之就能使我们之所信为真。我们若信中国文化较西洋为劣，那就证实我们才能不及西洋人，我们就胆小心虚，而只此胆小心虚，就是我们失败之重要条件，因之也就能使我们之所信为真。所以我们之所信就能自己证明他自己。我们为什么妄自菲薄，不敢相信自己的成绩，自己的能力呢？况且我们这种信仰，并不需与我们的智力之所见，大相冲突，我们也不必一定把说中国不好的人之辩论一律驳倒，或一律置之不问不闻。从前中国司法官想把犯人定重罪的时候，就说此人"虽属情有可原，究竟咎有应得"；若想定轻罪的时候，就说此人"虽属咎有应得，究竟情有可原"；我们现在也不妨照办，只需把那说中国不好的人之命题，"中国除……外皆坏"改作"中国除……外皆好"。只此一转语气，便能给我们安慰、勇气及光明的前途。

再说我们论人，总说"盖棺论定"。现在中国文化及民族果到盖棺的程度没有呢？没有。中国人一日不死尽，则中国文化及中国民族性即一日在制造之中。它们并不是已造的东西，Something made，乃是正在制造的东西Something in the making。我们就是制造它们的工程师和工人，它们的好坏，就是我们的责任。有位哲学家说：哲学家描写宇宙，往往忘记他自己也在宇宙之内。他所描写的，是整个的宇宙减去他自己。这是很不对的。譬如我们现在要画个纽约图——画图，不是地图，那么要想完全，于此图中，总得画一哥伦比亚大学图书馆，其中有个我，正画纽约图。以中国人而谈中国文化及民族性，也是如此。我们说中国人怯懦，但是我若勇敢了，只此一举，就教"凡中国人皆怯"之全称肯定命题，不能成立。所以我说空口谈论文化及民族性之优劣，是没有用的。他们的优劣，全靠我们的信仰，我们的此时此地！Here and Now！

1922年1月18日于纽约哥伦比亚大学图书馆

（原载《学艺》第三卷第十号期，1922年5月）

为什么中国没有科学①
——对中国哲学的历史及其后果的一种解释

去年杜威②教授在《新共和》杂志发表的一篇文章中说:

> 我想问,他(访问者)能够为别的对中国感兴趣的人做出的最有启发意义的事,莫非是和他们分享他的发现。他的发现是只有通过中国本身,通过早先的欧洲历史,才能了解中国。可是他还得要反复地说:中国正在急剧变化;若还是用旧时帝制的中国那一套来思索中国,就和用西方概念的鸽笼子把中国的事实分格塞进去来解释中国,同样

---

① 本文于1921年曾在哥伦比亚大学哲学系"系会"上宣读,借此发表的机会,感谢哥伦比亚大学哲学系执事诸公的鼓励与帮助。"科学"一词,我是指关于自然现象及其关系的系统知识。因此它是"自然科学"的简称。——作者自注

② 杜威(John Dewey,1859—1952),美国哲学家、教育家、心理学家、政治家,实用主义的主要代表,冯友兰在哥伦比亚大学留学时的导师之一。

地愚蠢。从政治上、经济上说，中国是另一个世界，一个又大又悠久的世界，一个无人知道到底向何处去的世界。（《新共和》，XXV卷，1920年，纽约版，188页）

这确实是一个发现。我们若把中国的历史和若干世纪前欧洲的历史加以比较，比方说，和文艺复兴以前比较，就看出，它们虽然不同类，然而是在一个水平上。但是现在，中国仍然是旧的，而西方各国已经是新的。是什么使中国落后了？这自然是一个问题。

中国落后，在于它没有科学。这个事实对于中国现实生活状况的影响，不仅在物质方面，而且在精神方面，是很明显的。中国产生它的哲学，约与雅典文化的高峰同时，或稍早一些。为什么它没有在现代欧洲开端的同时产生科学，甚或更早一些？本文试图通过中国自身来回答这个问题。

地理、气候、经济条件都是形成历史的重要因素，这是不成问题的，但是我们心里要记住，它们都是使历史成为可能的条件，不是使历史成为实际的条件。它们都是一场戏里不可缺少的布景，而不是它的原因。使历史成为实际的原因是求生的意志和求幸福的欲望，但是什么是幸福？人们对这个问题的答案远非一致。这是由于我们有许多不同的哲学体系，许多不同的价值标准，从而有许多不同类型的历史。在本文的结尾，我不揣冒昧，做出结论说：中国没有科学，是因为按照它自己的价值标准，它毫不需要。但是在得出这个结论之前，必须首先看一看历来的中国价值标准是什么。为了做到这一点，通观中国哲学的历史就十分必要了。

一

周朝晚期，天子丧失了控制封建诸侯的力量，诸侯各自为政，遍地战火。那实在是一个政治混乱的时代，但又是一个伟大的思想创新的时代。它相当于欧洲的雅典智力旺盛时期。

在批评中国各种不同类型的理想之前，为方便计，我想引进两个名词，在我看来，它们分别表示中国哲学的两种一般趋势：它们是"自然"与"人为"，说得更确切些，就是"天"、"人"。兹引《庄子》一段话说明这一点：

曰：何谓天？何谓人？北海若曰：牛马四足，是谓天；落马首，穿牛鼻，是谓人。（《庄子·秋水》）

可见"天"指自然的东西，"人"指人为的东西。一个是天造的，一个是人造的。在周末，有两种趋势代表这两个极端，第三种趋势则代表在两个极端之间的中道。一个说，天是完全的，人是自足的，不需要外来的帮助；另一个说，天不是完全的，人不是自足的，要变得好些就要有外来的帮助；第三者则加以调和。这三种主要的理想类型，并不是相继出现的，而是同时兴起的，在同一个时代里表述了人的自然本性和经验的不同方面。据《汉书》记载，周末的思想有九家：儒家，道家，墨家，阴阳家，法家，名家，纵横家，农家，杂家。当时最有影响的是儒家，道家，墨家。周末所著的书里几乎每一部都告诉我们，这三家都在为其生存而奋斗。孟子是当时儒家的最大保卫者，现在引用他好辩的言论来说明这一点：

> 圣王不作，诸侯放恣，处士横议，杨朱、墨翟之言盈天下。天下之言，不归杨，则归墨。杨氏为我，是无君也；墨氏兼爱，是无父也。无父无君，是禽兽也。……杨、墨之道不息，孔子之道不著，是邪说诬民，充塞仁义也。仁义充塞，则率兽食人，人将相食。吾为此惧！闲先圣之道，距杨、墨……（《孟子·滕文公下》）

这里的墨翟是墨家创始人，杨朱是道家创始人老子的学生。我看这段话生动地描绘出这三种势力之间的战争状态。他们不只是为生存而奋斗,而是各有野心,要征服全国。

为了略为详细一些说明他们的学说,我选择老子①,杨朱②,庄子③代表道家;墨子④代表墨家;孔子⑤,孟子⑥代表儒

---

① 老子,中国先秦时期思想家,道家学派的创始人。著有《老子》(又名《道德经》)八十一章,分上下篇。主张自然无为、绝圣去智、小国寡民、贵弱守雌,其中充满了政治、用兵、人生的智慧。

② 杨朱,中国先秦时期的思想家,道家学派的重要代表人物。主张"为我""贵己""轻物重生"。孟子批评他"拔一毛而利天下不为也"(《孟子·尽心上》)。《列子》一书中有《杨朱篇》,主张为我主义、享乐主义,把"人人不损一毫,人人不为天下"看作是人类社会的理想境界。学术界有人认为是魏晋时人所伪作。

③ 庄子(约公元前369—前286),名周。宋国蒙人。战国时期思想家,道家学派重要的代表人物。有《庄子》三十三篇,分内篇、外篇、杂篇。内七篇为庄子所作,其余各篇为庄子后学所作。主张"与道为一","物物而不物于物",提倡自由逍遥的人生观。

④ 墨子(约公元前468—前376),名翟(音dí)。鲁国人,一说是宋人。先秦时期思想家,墨学学派的创始人。有《墨子》一书。主张"兼爱""非攻""尚贤""尚同""强力""节用"。强调人需要努力从事才能维持社会的存在和发展。

⑤ 孔子(公元前551—前479),名丘,字仲尼。鲁国人。中国伟大的思想家、教育家,儒家学派的创立者。《论语》二十篇为他的弟子所集,是代表他的思想的主要著作。孔子建立了一套以"仁"为核心的思想体系,主张人要做有完全人格的"仁人",国家在政治上要实行"德治"。被后世奉为"圣人"。

⑥ 孟子(约公元前372—前289),名轲。邹人。战国时期的思想家,儒家学派主要的代表人物。有《孟子》七篇十四卷。主张人性善和仁政王道。被后世奉为"亚圣"。

家。和我刚才提到的三种趋势联系起来看,道家主张自然,墨家主张人为,儒家主张中道。依我看,无论他们学说的哪个方面,道家、墨家都在两个极端,儒家则在中间。例如论到他们的伦理理论时,孟子对他们的安排与我所说的正合。

> 杨子取为我,拔一毛而利天下,不为也。墨子兼爱,摩顶放踵,利天下,为之。子莫执中。执中为近之。执中无权,犹执一也。(《孟子·尽心上》)

不消说,执中有权,就是行动的唯一正确的道路了。这确实是儒家的教义。稍后一些我会把这一点说得更清楚一些。

二

道家教义可以归结为一句话:"复归自然。"全能的"道"给予万物以其自己的自然,在其自然中万物得到自己的满足。例如:

> 北冥有鱼,其名为鲲。鲲之大,不知其几千里也。化而为鸟,其名为鹏。鹏之背,不知其几千里也。怒而飞,

其翼若垂天之云。是鸟也，海运则将徙于南冥。南冥者，天池也。齐谐者，志怪者也。谐之言曰：鹏之徙于南冥也，水击三千里，抟扶摇而上者九万里，去以六月息者也。……蜩与学鸠笑之曰：我决起而飞，抢榆枋，时则不至，而控于地而已矣，奚以之九万里而南为！

这一段引自《庄子·逍遥游》。它明白地表示，大鹏与小蜩都完全满足，各自逍遥。它们长此逍遥，只要它们遵循它们的自然而生活，不去人为地互相模仿。所以万物在其自然状态中都是完全的。人为只会扰乱自然，产生痛苦。因为如庄子所说：

凫胫虽短，续之则忧；鹤胫虽长，断之则悲。故性长非所断，性短非所续，无所去忧也。（《庄子·骈拇》）

所以杨朱的"为我"，就这个词的杨朱原意来说，并不是自私。他不过是教导人们，自己的自然愿意怎样生活，就应当怎样生活，不要把自己以为是好的东西强加于人。所以他说：

古之人，损一毫利天下，不与也；悉天下奉一身，不取也。人人不损一毫，人人不利天下，天下治矣。（《列

子·杨朱》)

《庄子》另有一段说:

> 老聃曰:请问何谓仁义?孔子曰:中心物恺,兼爱无私,此仁义之情也。老聃曰:意!几乎后言。夫兼爱,不亦迂乎!无私焉,乃私也。夫子若欲使天下无失其牧乎?则天地固有常矣,日月固有明矣,星辰固有列矣,禽兽固有群矣,树木固有立矣。夫子亦放德而行,循道而趋,已至矣,又何偈偈乎揭仁义,若击鼓而求亡子焉?意!夫子乱人之性也。(《庄子·天道》)

如是道家只看到所谓自然状态的好的方面。在他们看来,任何人类道德,社会制度,都违反自然。如老子所说:

> 绝圣弃智,民利百倍;绝仁弃义,民复孝慈;绝巧弃利,盗贼无有:此三者以为文不足。故令有所属,见素抱朴,少私寡欲。(《老子·十九章》)

至于政府,如果道家也需要它,则必须是极端放任的。

> 天下多忌讳而民弥贫；民多利器，国家滋昏；人多伎巧，奇物滋起；法令滋彰，盗贼多有。（《老子·五十七章》）

政府应当模仿自然：

> 道常无为而无不为。（《老子·三十七章》）

这是因为道使万物各以自己的方式为自己工作：

> 故圣人云：我无为而民自化，我好静而民自正，我无事而民自富，我无欲而民自朴。（《老子·五十七章》）

所以人所应当做的，就是遵循着他的自然，满足于他的命运。道家这种被动的自然，可引一段《庄子》来说明：

> 子来有病……子犁往问之。……倚其户与之语曰：伟哉造化！又将奚以汝为？将奚以汝适？以汝为鼠肝乎？以汝为虫臂乎？子来曰：父母于子，东西南北，唯命之从。阴阳于人，不翅于父母，彼近吾死，而我不听，我则悍矣，彼何罪焉？夫大块载我以形，劳我以生，佚我以老，息我

以死。故善吾生者，乃所以善吾死也。(《庄子·大宗师》)

知识无用，只有害处：

> 吾生也有涯，而知也无涯，以有涯随无涯，殆已。(《庄子·养生主》)

我们需要而且应当去知、去求的只有"道"，道就在我们之中。它很像泛神论哲学的"上帝"。所以我们应当做的就是认识自己，控制自己：

> 知人者智，自知者明。胜人者有力，自胜者强。(《老子·三十三章》)

而且，我们必须用另一种完全不同的方法，去知，去求道。老子说：

> 为学日益，为道日损。损之又损，以至于无为。无为而无不为。(《老子·四十八章》)

既然道在我们之中,所以为道的方法,不是人为地在道上面加些什么,而是把早已人为地加在道上面的东西去掉。老子所谓"损"就是这个意思。所以在道家看来,那些仅只有志于为学的人,即只有兴趣搞理智操练的人,千言万语,全无价值。因此《庄子》有下面这段话:

> 劳神明为一,而不知其同也,谓之"朝三"。何谓朝三?曰:狙公赋芧曰:"朝三而暮四。"众狙皆怒。曰:"然则朝四而暮三。"众狙皆悦。(《庄子·齐物论》)

因此道家主张自然,反对人为。

三

墨家的基本观念是功利。鉴定道德,不在于它是自然的,而在于它是有用的。《墨子》有两句说:

> 义,利也。利,所得而喜也。(《墨子·经上》)

所以墨子在伦理学上的立场,本质上是功利主义的立场。他还是个实用主义者，经验主义者。他说：

> 必立仪。言而毋仪，譬犹运钧之上而立朝夕者也，是非利害之辨不可得而明知也。故言必有三表。何谓三表？子墨子言曰：有本之者，有原之者，有用之者。于何本之？上本之于古者圣王之事。于何原之？下原察百姓耳目之实。于何用之？发以为刑政，观其中国家百姓人民之利。此所谓言有三表也。（《墨子·非命上》）

三表之中，第三表似乎最为重要。所以墨子讲兼爱之说，因为他认为它最中"国家百姓人民之利"。兹摘录《兼爱》篇如下，让他自己讲自己的道理：

> 仁者之事者，必务求兴天下之利，除天下之害。然当今之时，天下之害孰为大？曰：若大国之攻小国也，大家之乱小家也，强之劫弱，众之暴寡……此天下之害也。……此胡自生？此自爱人利人生与？即必曰：非然也。必曰：从恶人贼人生。分名乎天下恶人而贼人者，兼与？别与？即必曰：别也。然即之交别者，果生天下之大害者与？是故别非也。……非人者必有以易之。……是故子墨子曰：

以易别。……藉为人之国，若为其国，夫谁独举其国以攻人之国者哉？为彼者犹为己也。……然即之交兼者果生天下之大利者与？是故子墨子曰：兼是也。……曰：即善矣，虽然，岂可用哉？子墨子曰：用而不可，虽我亦将非之，且焉有善而不可用者？……我以为当其于此也，天下无愚夫愚妇，虽非兼之人，必寄托之于兼之有是也。……我以为当其于此也，天下无愚夫愚妇，虽非兼者，必从兼君是也。（《墨子·兼爱下》）

以上表明，兼爱之说不惟有利于他人，而且对于实行兼爱的人也有利。墨子之书极言战争之有害。战争不惟对被征服者有害，而且对征服者也有害。即使偶尔有些国家可能牺牲别国而获利，也仍然不足为训。他比之于药。有一种药，如果一万人服用，只有四五人受益，就绝非良药。墨子是坚持最大多数的最大利益的。

他不像道家，他也深知人类自然本性并不完善。人类太近视，看不见自己的利益。你对人们说，爱他人对自己有利，自私只有害处，人们不会相信。所以墨子更不像道家，他看出需要权威，以调节人的行动。他宣称有一个有人格的上帝。人们应当相爱，不仅因为这样做有利，而且因为这是上帝的意志。

他甚至相信鬼神存在，相信鬼神暗中监视人们的活动，以此作为维持道德的重要辅助手段。

墨子还强调国家的功能和权威，以为正常生活的辅助手段：

> 古者民始生未有刑政之时，盖其语人异义；是以一人则一义，二人则二义，十人则十义；其人兹众，其所谓义者亦兹众。是以人是其义，以非人之义，故交相非也。……天下之乱，若禽兽然。夫明乎天下之所以乱者，生于无政长。是故选天下之贤可者，立以为天子。……天子发政于天下之百姓，言曰：闻善而不善，皆以告其上；上之所是，必皆是之；上之所非，必皆非之。（《墨子·尚同上》）

这与道家的国家观全然不同。除此之外，墨子还强调教育的重要。墨子书有《所染》篇，其中说：

> 子墨子见染丝者而叹曰：染于苍则苍，染于黄则黄；所入者变，其色亦变；五入而已则为五色矣；故染不可不慎也！

此下他引用一系列事实，证明有些人变好了，因为他交接好人；有些人变坏了，因为他交接坏人。他以为人性像是"白板"，其颜色全看怎么染它。这又与道家的人性论很不相同。

墨子非命，与道家形成对照。受到上帝或国家的赏罚都是人们意志行为的后果。如果意志不是自由的，人们就不会对其恶行负责，也不会受到鼓励而行善。他们会这样想，如墨子说的：

> 上之所罚，命固且罚，不暴故罚也。……上之所赏，命固且赏，非贤固赏也。以此为君则不义，为臣则不忠……（《墨子·非命上》）

因此墨子做出了许多使人民好起来的方案。他的理想是有最多的人口，有必需的物质财富，和平共处，相亲相爱。墨子说：

> 圣人为政一国，一国可倍也；大之为政天下，天下可倍也。其倍之，非外取地也；因其国家，去其无用之费，足以倍之。……故孰为难倍？唯人为难倍，然人有可倍也。昔者圣王为法曰：丈夫年二十，毋敢不处家；女子年十五，毋敢不事人。……（《墨子·节用上》）

这是墨子进步的理想。进步是可能的，并不靠斗争和竞争，而是靠兼爱和互助。对于这一点,我要加一句说明:墨子的理想不是柏拉图式的。墨子太现实主义了,不满足于把他的模式放在天上。他时刻准备着向一切他以为不能与财富、人口的增长相容的事物作战。他教人节用,如他所说:

> 诸加费不加于民利者,圣王弗为。(《墨子·节用中》)

他也反对音乐和美术,因为它们无补于这种现实。

> 民有三患:饥者不得食,寒者不得衣,劳者不得息。三者民之巨患也。(《墨子·非乐上》)

他也反对儒家主张的厚葬和三年之丧。因为人民不应当这样子消耗时间、精力和财富;若这样办

> 国家必贫,人民必寡,刑政必乱。(《墨子·节葬下》)

这些步骤或许能代表墨家反对自然的坚决态度。确实不错,如果完全从理智的观点看事物,音乐和美术实在毫无用处。如果把死亡只看作一个自然过程,守丧又有什么用呢?荀子说:

墨子蔽于用而不知文。(《荀子·解蔽》)

这个批评是十分恰当的。

无论如何，墨子确实是一位教导人们在外界寻求幸福的哲学家。他不像道家那样想，他不以为人在自然状态中最幸福，不以为人需要做、应当做的是复归自然，相反地正是要摆脱自然。与道家相反，他知道人性不完善、愚而弱；为了变得完善、智而强，就需要国家、道德、人格化的上帝来帮助。所以在墨子哲学中有一种很强的进步感、未来感。墨子书中有一段说：

> 彭轻生子曰：往者可知，来者不可知。子墨子曰：藉设而亲在百里之外，则遇难焉。期以一日也，及之则生，不及则死。今有固车良马于此，又有奴马四隅之轮于此，使子择焉，子将何乘？对曰：乘良马固车，可以速至。子墨子曰：焉在不知来？(《墨子·鲁问》)

这的确是一个很好的鉴往知来的例证。这种精神是科学的。墨子书有几篇谈的是现在叫作逻辑或定义的问题。如果不是墨子本人的著作，也一定是墨子门人的著作。其中许多定义，在今

天也还是有趣的,科学的。例如:

> 宇,弥异所也。久,弥异时也。故,所得而后成也。圜,一中同长也。力,形之所以奋也。(《墨子·经上》)

类此者另外还有许多,似乎都是科学的萌芽。实际上墨子制造守城器械是很有名的,墨子书有几篇专讲这个。这就是我要说的一切,都是为了支持我的论断:墨子主张人为,反对自然。现在让我们转到第三个体系,儒家。

四

前面说过,儒家是自然与人为这两种极端观点的中道。但是紧接着孔子之后,儒家分成了两种类型。一种以孟子为代表,比较靠近自然这一端;另一种以荀子为代表,比较靠近人为这一端。孔子本人的学说是比较靠近自然这一端的。所以后来,直到现在,孟子被认为是儒家真正的合法继承人。我在这里仍按传统的讲法,选择孔孟代表儒家,而在另一个场合讨论荀子,认为他是中国历史上另一位力求发展中国思想的人为路线的哲学家。

正如孟子所说，孔子是"圣之时者也"。

> 可以速而速，可以久而久，可以处而处，可以仕而仕：孔子也。（《孟子·万章下》）

所以孔子强调认清形势。首要的问题不是我是否应当用某某方式爱人；首要的问题是认清那个人是我的什么人。孟子说：

> 君子之于物也，爱之而弗仁。于民也，仁之而弗亲。亲亲而仁民，仁民而爱物。（《孟子·尽心上》）

他在另一个地方又说：

> 有人于此，越人关弓而射之，则已谈笑而道之。无他，疏之也。其兄关弓而射之，则已垂涕泣而道之。无他，戚之也。（《孟子·告子下》）

这样就建立了爱有差等的学说，在同时一方面反对兼爱的学说，一方面反对为我的学说。应当爱有差等，因为这是人的自然，即人性。所以《孟子》有段话说：

> 夷子曰：儒者之道，古之人若保赤子，此言何谓也？之则以为爱无差等，施由亲始。徐子以告孟子。孟子曰：夫夷子信以为人之亲其兄之子，为若亲其邻之赤子乎？……且天之生物也，使之一本，而夷子二本故也。（《孟子·滕文公上》）

依儒家的教义，人性在本质上是善的。甚至在孔子时代之前，似乎已经有这个传统。因为人性本善，所以人们赞成有道德制裁，愿意有道德制裁。孟子这么说：

> 口之于味也，有同耆焉。耳之于声也，有同听焉。目之于色也，有同美焉。至于心，独无所同然乎？心之所同然者何也？谓理也、义也。圣人先得我心之所同然耳。故理义之悦我心，犹刍豢之悦我口。（《孟子·告子上》）

他在另一个地方说：

> 可欲之谓善。（《孟子·尽心下》）

虽说人性本善，但是不可以推论出，人生来就是完善的。只有内心的理性完全发展了，低级的欲望全部消除了，才能成为完人。所以孟子说：

> 恻隐之心，仁之端也。羞恶之心，义之端也。辞让之心，礼之端也。是非之心，智之端也。……凡有四端于我者，皆知扩而充之矣，若火之始然，泉之始达。苟能充之，足以保四海；苟不充之，不足以事父母。（《孟子·公孙丑上》）

发展理性，减少低级欲望，是一件事的两方面：

> 养心莫善于寡欲。（《孟子·尽心下》）

为了发展人的自然能力，就需要一些具体的组织。所以国家必不可少。孟子引《书·泰誓》说：

> 天佑下民，作之君，作之师。

但是师和君不是分开的。中国的政治理想大都与柏拉图的相同。王应当是哲学家，哲学家应当为王。儒家的国家观尤其强调这一点。国家的主要责任首先是保持相当数量的财富，使人民能够生活，然后教育他们。《论语》有一段说：

> 子适卫，冉有仆。子曰：庶矣哉！冉有曰：既庶矣，又何加焉？曰：富之。曰：既富矣，又何加焉？曰：教之。（《论语·子路》）

更进一步地说，在一个国家中，教之比富之更重要。《论语》另一段说：

> 齐景公问政于孔子。孔子对曰：君君，臣臣，父父，子子。公曰：善哉！信如君不君，臣不臣，父不父，子不子，虽有粟，君得而食诸！（《论语·颜渊》）

至于个人，则身外事物决定于命运。《论语》有云：

> 死生有命，富贵在天。（《论语·颜渊》）

孟子说：

> 求则得之，舍则失之，是求有益于得者也，求在我者也。

> 求之有道,得之有命,是求无益于得也,求在外者也。(《孟子·尽心上》)

所以人应当求其在我者。人不能控制在他之外的东西,这个情况并不一定使他不能完善;他的内心有上天赋予的天理,他可以从中获得真理和幸福。所以孟子说:

> 尽其心者,知其性也。知其性,则知天矣。存其心,养其性,所以事天也。夭寿不贰,修身以俟之,所以立命也。(《孟子·尽心上》)

他又说:

> 万物皆备于我矣。反身而诚,乐莫大焉。(《孟子·尽心上》)

在这一点上,儒家很接近道家,而去墨家甚远。幸福和真理都在我们心里。只有在我们心里,不是在外部世界里,才能求得幸福和真理。只要发展我们内部的力量,我们就自己充足了。学习就是按照我们的理性来培养性格,不是进行理智操练,或只是死记硬背书本上所说的东西。

以上我们通观了中国思想中有开创性的三个类型。我们已经看到，在存在论方面，支配宇宙的力，道家说是全能的道或自然，墨家说是人格化的上帝，儒家说是天理。在国家论方面，道家如果也要国家的话，就是要放任主义的政府；墨家要国家调节各种不同的个人意见，儒家则需要国家来发展人们的道德能力。在人生论方面，道家说人性本身就是完善的，每个人只应当遵循他的天性而生活；墨家说人性本身不完善，人应当同等地爱一切人，才能够全民富庶；儒家说，人性虽善，但是个人要努力发展、修养、完成它，人固然应当爱他人，但也应当照顾亲缘关系的差别。在教育论方面，道家教人复归自然，墨家教人控制环境，儒家教人走自我实现（即实现人之所以为人）的道路。这一切，在我看来，已经证实了我的论断：在中国思想史中，道家主张自然，墨家主张人为，儒家主张中道。三者为了各自生存，斗争激烈。这场大战的结果是，可怜的墨家完全失败，不久就永远消失了。墨家失败的原因不明；依我看来，主要原因是墨家体系本身有缺点。现在引《庄子》一段话说明这一点：

> 墨翟作为"非乐"，命之曰"节用"，生不歌，死无服。

> 墨子泛爱兼利而非斗。……以此教人，恐不爱人；以此自行，固不爱己，未败墨子道。虽然，歌而非歌，哭而非哭，乐而非乐，是果类乎？其生也勤，其死也薄。其道大觳，使人忧，使人悲，其行难为也。恐其不可以为圣人之道。反天下之心，天下不堪，墨子虽能独任，奈天下何！（《庄子·天下》）

的确，天下对墨家体系的反感，墨家是无可奈何的。尽管墨子本人极端热情，人格伟大，一旦故去，人们也就抛弃了墨家。

但是前已指出，此时另有一人，虽与墨子不同，却也努力发展了中国思想中的人为路线。他就是荀子（公元前313—前238），他本人自认为是儒家真正的传人。他宣称，人性绝对地恶，君与师的责任就是改善人性。他责备庄子：

> 蔽于天而不知人。（《荀子·解蔽》）

依荀子的理想，他要用征服自然，来代替复归自然：

> 大天而思之，孰与物畜而制之！从天而颂之，孰与制天命而用之！（《荀子·天论》）

这近似培根关于人力的观点，但是不幸的是，他的后学没有沿着这条路线发展他的思想。他们只实行了老师的政治哲学，而且走得太远了。在公元前3世纪，秦始皇帝统一了六国，荀子的学生李斯任丞相。李斯辅佐始皇帝从各方面统一了帝国，把政府的权威推讲到极点。废除了原有的封建制，从而在政治上绝对地统一了帝国之后，他又进一步采取行动来统一人民的思想。他焚书坑儒，命令人民以吏为师。于是皇帝成了极端残暴之君，人民就造反了。荀子的学说，和秦王朝一起，很快地而且永远地消亡了。

五

秦朝之后，中国思想的"人为"路线几乎再也没有出现了。不久来了佛教，又是属于极端"自然"型的哲学。在很长时间内，中国人的心灵徘徊于儒、释、道之间。直到公元10世纪，一批新的天才人物相继地将儒、释、道三者合一，成为新的教义，输入中华民族的心灵，至于今日。

因为这种新的教义始于宋朝，所以名为"宋学"。这些哲学家自己声称，他们的教义是真正的儒家。如果非说是儒家不可的话，那也只能说是新的儒家。它的代表人物起初大都信仰佛老，后来才回到儒家。这时他们从《礼记》选出两篇作为他们的教科书，以前的学者对这两篇几乎没有人予以注意。唤起人们对这两篇的注意，实在是他们的功劳。这两篇是《大学》和《中庸》，很系统地体现着孔孟之道。我不禁要引一些《大学》上的话，这些话直到目前中国人民还当作人生的唯一目的。这些话如下：

> 大学之道，在明明德，在亲民，在止于至善。……古之欲明明德于天下者，先治其国。欲治其国者，先齐其家。欲齐其家者，先修其身。欲修其身者，先正其心。欲正其心者，先诚其意。欲诚其意者，先致其知。致知在格物。

寥寥数语，将儒家的生活目的和方法，论列无遗，令人赞叹。新儒家的哲学家选出这些章节，在理解时不自觉地羼入了佛老思想。他们不同于原来的儒家，就在于提出了他们所谓的"天理"，以反对"人欲"，这些概念实际上是受了佛家的"法"和"无明"等观念的启示，在此之前一直无人多加谈论。真正的儒家，如前面所说，是认为人性虽善，其善则不过是个萌芽，或用孟子的话说，是个"端"，还要大力培养、发展、完成它。可是按新儒家所说，天理早已是、永远是完全的，虽为人欲所蔽，只要清除了这些人欲，真正的心灵就会如钻石一般自放光芒。这很像老子所说的"损"。不过新儒家还是与佛老根本不同，而且抨击佛老，极其激烈。它认为，为了"损"去人欲，恢复天理，人并不需要保持一种完全否定生活的状态。他所需要的是按照天理来生活，而且只有在生活中天理才能够充分实现。

于是这些哲学家着手进行前面引文中的"格物"，立即碰到一个问题：什么是"物"？由此产生两个类型的新儒家。一个说，"物"是一切外界的物和事。可是人要一下子格尽一切物，绝不可能，也没有人将这种解释付诸实践，就连做这种解释的朱熹本人也没有这样做。另一个说，"物"是指我们心中的现象。这种解释，实行起来比较成功。双方都有许多精妙而服人的辩论，都对于人生的理论和方法做出了一些大贡献。

中国哲学史的这个时期，与欧洲史上现代科学发展的这个时期，几乎完全类似，类似之处在于，其成果越来越是技术的，具有经验的基础和应用的方面。唯一的，但是重要的不同之处是，欧洲技术发展是认识和控制物质，而中国技术发展是认识和控制心灵。对于后者的技术，印度也做出了大贡献。不过，印度的技术只能在人生的否定中实行，中国的技术则只有在人生之内实行。理想不同，方法随之也不同。

但是就本文目的而言,这些不同都无关紧要。在此与我们有关的是指导中国心灵的理想,不是实现这些理想的方法。就理想或目的来说,我们可以说,各种类型的新儒家全都一样,其理想都是去人欲以存天理,如此而已。

六

何谓善,中国的观念就是如此。在人类历史上,中世纪欧洲在基督教统治下力求在天上找到善和幸福,而希腊则力求,现代欧洲正在力求,在人间找到它们。(圣·奥古斯丁[①]希望实现他的"上帝城",弗朗西士·培根[②]希望实现他的"人国"。)但是中国自从它的民族思想中"人为"路线消亡之后,就以全部精神力量致力于另一条路线,这就是,直接地在人心之内寻求善和幸福。换言之,中世纪基督教的欧洲力求认识上帝,为得到他的帮助而祈祷;希腊则力求,现代欧洲正在力求,认识自然,征服自然,控制自然;但是中国力求认识在

---

① 奥古斯丁(Aurelius Augustinus,354—430),欧洲中世纪哲学家、神学家、罗马基督教拉丁教父的主要代表,死后被教会封为伟大的圣师。著有《忏悔录》《上帝之城》等。晚年他提出了"上帝之城"和"人间之城"的理论,把"上帝之城"视为善的体现,把"人间之城"视为恶的体现。

② 现译为"弗兰西斯·培根"。——编者注

我们自己内部的东西，在心内寻求永久的和平。

什么是科学的用处呢？现代欧洲两位哲学之父提出了两种答案。笛卡儿①说是确实性，培根②说是力量。让我们先跟随笛卡儿，以为科学之用在确实。我们立刻看出，如果是对付自己的心，首先就无须确实。柏格森③在《心力》中说，欧洲发现了科学方法，是因为现代欧洲科学从物出发。正是从物的科学，欧洲才养成精确，严密，苦求证明，区分哪是只有可能的，哪是确实存在的，这样的习惯。

所以科学如果应用的第一个实例就是心，就很可能也不确实，含含糊糊，不论它取得多大的进展也是如此；或

---

① 笛卡儿（Rene Descartes，1596—1650），17世纪法国哲学家。著有《形而上学的沉思》《哲学原理》等。他认为，凡是在理性看来清楚明确的就是真理。

② 培根（Francis Bacon，1561—1626），英国近代哲学家，著有《论说文集》《伟大的复兴》《新工具论》等。他认为人只要掌握了自然规律，就能在认识上获得真理，在行动上得到自由。提出了"知识就是力量"的著名口号。他还在《新大西岛》一书中提出，要建立人间的理想国"本色列国"，即上文中所说的"人国"。

③ 柏格森（Henri Bergson，1859—1941），法国哲学家，生命哲学和直觉主义的代表。梁启超、张君劢、梁漱溟等人都受到他很大的影响。著有《论意识的直接材料》《物质与记忆》《创造进化论》等。《心力》是他的一部论文集。柏格森认为，"真实"就是精神活动，就是所谓"心力"。

许它就永远不能分清哪些只是似乎不错的，哪些是一定要明确地接受的。（柏格森：《心力》，H.W.卡尔英译本，纽约1920年版，102页）

可见中国所以未曾发现科学方法，是因为中国思想从心出发，从各人自己的心出发。譬如我饿了，我难道还有必要用迂回的、抽象的科学方法向我自己证明我想吃饭吗？

此外，中国哲学家还把哲学看作极其严肃的东西。它不只是知识，它是要做到的。新儒家的哲学家朱熹说，圣人并不说出道德是什么样子，仅只要求你实践它；就像他不说出糖怎样甜，只要你尝它。在这个意义上，我们可以说，中国哲学家爱的是知觉的确实，不是概念的确实，因此他们不想也没有把他们具体的所见翻成科学的形式。总之一句话，中国没有科学，是因为在一切哲学中，中国哲学是最讲人伦日用的。西方哲学家以其清楚的思想，科学的知识，自豪的时候，中国哲学家会和马卡斯·奥理略[①]一起说：

多谢多谢，尽管我对哲学也有热情，我可没有落在教

[①] 即Marcus Aurelius Autoninus Augustus，现多译为"马可·奥勒留"。——编者注

授手里,没有端坐凝神地攻读论文与三段论法,没有浸沉在科学思辨之中。(马卡斯·奥理略·安东尼:《致他自己》,G.H.任达尔英译,伦敦1910年版,I,17,9页)

疲劳地转来转去侦察一件事,针探(如平达所说)"地球的深度",猜测、打听邻人灵魂深处的阴私:再也没有比干这些事更无聊缺德的了。须知只与内心的神单独交往,全心全意、诚心诚意地事奉他……人生如此足矣。(马卡斯·奥理略·安东尼:《致他自己》,G.H.任达尔英译,伦敦1910年版,I,17,15页)

但是,与西方相比,中国虽然缺少清楚的思想,然而得到的补偿,却是有较多的理性的幸福。博特兰德·罗素[①]在《民族》(伦敦)中说,中国人似乎是富于理性的快乐主义者,与欧洲人不同,不同之处在于,他们舍力量而取享受〔卷XXV11/(1921),505页〕。正因为中国的理想是取享受而舍力

---

① 罗素(Bertrand Arthur William, Russell, 1872—1970),英国哲学家、数理逻辑学家,分析哲学的主要创始人。1920年曾来中国讲学,其讲稿在中国出版,书名为《罗素五大讲演》。回国后写了《中国的问题》一书,讨论中国将在20世纪发挥的作用,对中国学术界产生了广泛的影响。

量,所以中国不需要科学,即使依培根所说,科学出力量。我刚才说过,中国哲学家不需要科学的确实性,因为他们希望知道的只是他们自己;同样地,他们不需要科学的力量,因为他们希望征服的只是他们自己。在他们看来,智慧的内容不是理智的知识,智慧的功能不是增加物质财富。在道家看来,物质财富只能带来人心的混乱。在儒家看来,它虽然不像道家说的那么坏,可是也绝不是人类幸福中最本质的东西。那么,科学还有什么用呢?

依我看来,如果中国人遵循墨子的善即有用的思想,或是遵循荀子的制天而不颂天的思想,那就很可能早就产生了科学。这当然只是猜测。但是这个猜测有事实为证,那就是我们在《墨子》《荀子》中的确看到了科学的萌芽。中国思想中这条"人为"路线,不幸被它的对手战胜了,也或许是一件幸事。如果善的观念,并不包括理智的确实性和征服外界的力量,科学有什么用呢?

或可问:为什么欧洲能够将注意力由天上转到人间,而中国却没有在同时由向内转到向外呢?对这个问题我的回答是:无论欧洲人是向天上还是在人间寻求善和幸福,他们的一切哲学全都属于我所说的"人为"路线。在基督教创立之前,斯多噶主义依我看就是欧洲思想的"自然"路线,它教人事奉他心内的神。但是后来基督教,却教人事奉外在的上帝。人不再是一个自足的存在,却是一个罪人。由此欧洲的心灵,就用上帝存在的证明,把自己占据了。哲学家们用亚里士多德的逻辑,用自然现象的研究,来证明上帝存在。依经院学派绝大多数哲学家,甚至罗吉士·培根①的看法,哲学和科学都必须解释基督教《圣经》的内容。现代欧洲继承了这种认识外界和证实外界的精神,不过把上帝换成"自然",把创世换成机械,如此而已。这里只有历史的继续,而没有中世纪与现代欧洲之间的明显界限。二者都力求认识外在的世界。他们首先力求认识它,对它熟悉了以后,就力求征服它。所以他们注定了要有科学,既为了确实性,又为了力量。他们注定了要有科学,因为他们都假定人性本身不完善。人都是愚、弱、无助的。为了变得完善、坚强、聪明,就需要人为地加上一些东西。他们需要知识和力量。他们需要社会、国家、法律、道德。此外他们还需要一个人格化的上帝的帮助。但是我称为思想上的"自然"路线又是如何呢?如果万善永恒地皆备于我,又何必向外在世界寻求幸福呢?那岂不是像佛家说的端着金碗讨饭吗?科学的确实性和力量有什么用呢?

---

① 现译为"罗吉尔·培根"。——编者注

用抽象的、一般的言语谈论事物，总是有危险的。但是在这里我不禁还是要说，西方是外向的，东方是内向的；西方强调我们有什么，东方强调我们是什么。如何调和这二者，使人类身心都能幸福，这个问题目前难以解答。无论如何，中国的人生观也许错了，但是中国的经验不会是一种失败。如果人类将来日益聪明，想到他们需要内心的和平和幸福，他们就会转过来注意中国的智慧，而且必有所得。如果他们将来并不这样想，中国人四千年的心力也不会白费。这种失败的本身会警告我们的子孙不要在人心的荒原上再寻求什么了。这也是中国对人类的贡献之一吧。

原文是英文。据美国《国际伦理学杂志》卷XXXII第三号（1922年4月）重印入《中国哲学史补》（1936年商务印书馆版）。1983年4月，涂又光译为中文。

中国哲学之贡献

西洋近代科学发达以来,东方几乎事事落在人后。东方文化的基础——中国哲学,因为还未经受科学的洗礼,涉及的问题比较单纯,形式相当混杂。中国没有科学而西方却有科学的原因,我已经在别处详细论述了〔参看 *The International Journal of Ethics.*, Vol. XXXII, NO.3所载拙稿 *Why China Has no Science, Etc.*① 和拙著《人生理想之比较研究》(*A Comparative Study of Life Ideals.*)第6章,上海商务印书馆〕,在此只想探讨下列问题:虽然中国哲学涉及的问题比较单纯、形式比较混杂,但内部有没有西洋哲学尚未论及的问题?或者某些问题西洋哲学已经探讨过,但中国哲学较之更详细、更明白、更圆满地解决了?一言以蔽之,就是中国哲学对世界有特殊贡献吗?对第一

---

① 即《为什么中国没有科学》一文。

个问题我虽不能给以肯定的答案，但对第二个问题我认为可以肯定回答的可能性相当高，这两个问题中的一个得出了肯定的答案，我认为最后的问题也可以得出肯定的答案。

中国哲学对人生方面特别给以注意，因此其中包含有人生论和人生方法，是西洋哲学还未详细讨论之处，本文想叙述的是其中之一。

中国哲学家对于所谓"动静合一"探讨甚详，先秦的儒家、道家都认为"动静合一"是人生的最高境界。《易》系辞说"寂然不动，感而遂通天下之故"，孟子说"不动心"，庄子也说"至人之用心若镜，不将不迎，应而不藏，故能胜物而不伤"（《应帝王》）。汉代以后，道家哲学繁荣于魏晋，儒家哲学复兴于宋明，都大大发展了"动静合一"的理想，并考究其实践的方法。

郭象是魏晋时代一流哲学家之一，他在《庄子注》中说："夫至人，其动也天，其静也地，其行也水流，其止也渊默，渊默之与水流，天行之与地止，其于不为而自尔，一也。……诚应不以心，而理自玄符，与变化升降，而以世为量，然后足为物主，而顺时无极。"（《应帝王》注）"夫与物冥者，故群物之所不能离也。是以无心玄应，惟感之从，泛乎若不系之舟，东西之非己也，故无行而不与百姓共者，亦无往而不为天下之君矣。"(《逍遥游》注)这就是所谓"至人之用一心若镜"。如果心如镜的话,则"物来乃鉴,鉴不以心,故虽天下之广,而无劳神之累"(《应帝王》注),又解释为"夫圣人虽在庙堂之上,然其心无异于山林之中,世岂识之哉,徒见其戴黄屋佩玉玺,便谓足以缨绂其心矣,见其历山川同民事,便谓足以憔悴其神矣。岂知至者之不亏哉"(《逍遥游》注)。如果真能经常这样的话,不仅人间事不足动一心,自然界的变化也不足"滑和"(《庄子·德充符》)。所以庄子说:"至人神矣,大泽焚而不能热,河汉冱而不能寒,疾雷破山,飘风振海,而不能惊。(郭注曰:"夫神全形具,而体与物冥者,虽涉至变而未始非我,故荡然无蛋介于胸中也。")若然者,乘云气,(郭曰:"寄物而行,非我动也。")骑日月,(郭曰:"有昼夜而无死生也。")而游乎四海之外,(郭曰:"夫唯无其知而任天下之自为,故驰万物而不穷也。")死生无变于己,(郭曰:"与变为体,故死生若一。")而况利害之端乎。(郭曰:"况利害于死生,愈不足以介意。")"(《齐物论》)

宋元哲学家中说"动静合一"者更多,程明道在《定性书》中说:"所谓定者,动亦定,静亦定,无将迎,无内外……夫天地之常,以其心普万物而无心,圣人之常,以其情顺万事而无情,故君子之学,莫若廓然而大公,物来而顺应。……人之情,各有所蔽,故不能适道,大率患在于自私而用智。自私则不能以有为为应迹,用智则不能以明觉为自然。……与其非外而是内,不若内外之两忘也。两忘则澄然无事矣。无事则定,定则明,明则尚何应物之为累哉?圣人之喜,以物之当喜,圣人之怒,以物之当怒,是圣人之喜怒,不系于心,而系于物也,是则圣人岂不应于物哉?乌得以从外者为非,更求在内者为是也?今以自私用智之喜怒,而视圣人喜怒之正,为如何哉!夫人之情,易发而难制者,惟怒为甚,第能于怒时,遽忘其怒,而观理之是非,亦可见外诱之不足恶,而于道亦思过半矣。"(《答横渠张子厚先生书》,《河南程氏文集》卷二)王阳明说:"圣人致知之功,至诚无息,其良知之体,皦如明镜,略无纤翳,妍媸之来,随物见形,而明镜曾无留染,所谓情顺万事而无情也。无所住而生其心,佛氏曾有是言,未为非也。明镜之应物,妍者妍,媸者媸,一照而皆真,即是生其心处;妍者妍,媸者媸,一过而不留,即是无所住处。"(《传习录》中)

宋明哲学家关于"动静合一"境界的叙述甚多,但我想暂且引此说其大概。

至于达到这种境界的方法,除了用知识驾驭感情、驾驭"我"之外,更无他法。根据现代心理学(A. G. Tansley, *The New Psychology Isted.*, P.36),情感是依附于心理活动的基调,所谓哀乐都是情感。以知识驾驭情感,不是用外力强抑,我们如果对引起情感的事物有充分的知识,有相当的理解,则情感自然减少。庄子丧妻,鼓盆而歌,惠子问其因,庄子曰:"是其始死也,我独何能无概然,察其始而本无生。非徒无生也,而本无形。非徒无形也,而本无气。杂乎芒芴之间,变而有气,气变而有形,形变而有生。今又变而之死,是相与为春秋冬夏四时行也,人且偃然寝于巨室,而我嗷嗷然随而哭之,自以为不通乎命,故止也。"(《至乐》)(此不一定需要一般所谓唯心的宇宙。我把这个学说在拙著《人生哲学》(正在印刷)内详细说明)郭象曰:"未明而概,已达而止,斯所以诲有情者,将令推至理以遣累也。"(同上注)所谓以理驾驭累即知识驾驭情感,即王弼所说:"以情从理。"(《戏答荀融书》)如果不能知识驾驭情感,就是庄子所谓"遁天倍情,忘其所受"。如果遁天、背情的话,一定是"遁天之刑",即遭受苦恼。如果有能驾驭情感的知识,知道生是"时"、死是"顺",就"安时而处顺,哀乐不能入也"。能超越哀乐就能得至乐,能超越哀乐,就像解脱了倒悬之苦的一样,"是帝之悬解"(《庄子·养生主》)。

能以知识驾驭情感的人不一定是无感情,庄子对于其妻之死也说:"其始死也,我独何能无概然。"秦失吊老子时也"三号而出"(《庄子·养生主》)。王弼也说:"圣人茂于人者神明也,同于人者五情也。神明茂,故能体冲和以通无。五情同,故不能无哀乐以应物。然则圣人之情,应物而无累于物者也。"(《难何晏圣人无喜怒哀乐论》)不能说人类像枯木死灰一样毫无情感,所以王弼又说:"夫明足以寻极幽微,而不能去自然之性。颜子之量,孔父之所豫在,然遇之不能无乐,丧之不能无哀,又常狭斯人以为未能以情从理者也,而令乃知自然之不可革。"(《戏答荀融书》)

如果已知是"自然之不可革",则见了引发情感的事物也不能没有情感,但情感一发动立刻用知识去驾驭它,使之去。庄子"概然"之后立刻鼓盆,秦失"三号"之后立刻离去。如此情感不沾滞于胸中,吾人也不会执着。程明道所谓,"怒时,遽忘其怒,而观理之是非",即是此道。宋明哲学家尤其着重指明,不能使人无情感。王阳明说:"佛氏着在无善无恶上,便一切都不管,不可以治天下。圣人无善无恶,只是无有作好,无有作恶,不动于气。……不作好恶,非是全无好恶,却是无知觉的人。谓之不作者,只是好恶一循于理,不去又着一分意思,如此,即是不曾好恶一般。……草有妨碍,理亦宜去,去之而已,偶未即去,亦不累心,若着了一分意思,即心体便有贻累,便有许多动气处。"(《传习录》上)如果可以"偶未即去,亦不累心",就可以"喜怒不系于物","其情顺万事而无情"。如此则情感于心如浮云于太空,有而无害。

还有,人有"我"则对将来常怀忧虑,对过去常怀追悔,对事物"未得之也,欲得之而患,既得之,又患失之,苟患其失,无所不至"。明道所谓"用智自私"即是指此。如此则常执着外物,有意为之,则"不能以有为为应迹","不能以明觉为自然"。如果根据知识知"我"本无,自己以身合于宇宙,就像庄子所谓"藏天下于天下",则"内外之两忘","廓然而大公"。如此则一切忧、悔、私意、计虑、打算等不复存在。所以程明道说:"两忘则澄然无事矣。"如果"澄然无事"则心如明镜,对将来亦无忧虑,所谓"不迎";对过去亦无追悔,所谓"不将";对现在亦不执着,所谓"应而不藏"。如果达此境界,即能做到如郭象所说的"体与物冥",则无论经过如何变化,也都"荡然无芥介于胸中也"(佛教哲学所说破"法执""我执",也即似乎如此)。处于变化之中也不滞留胸中的话,这不就是"动静合一"吗?

宋明哲学家最无私地注意到了这一点，庄子也在《逍遥游》篇起首中说："至人无己，神人无功，圣人无名。"

上述两个方法也可说是一个方法的两个方面，一个致力于实践，以知识理解事物的性质，另一个致力于主观方面，以知识理解"我"的性质。具有这种知识，并常运用于事物。程明道说："识得此理，以诚敬存之而已，不须防检，不须穷索。若心懈则有防心，苟不懈，何防之有？理有未得，故须穷索。存久自明，安待穷索。"（《识仁篇》）

所谓"以诚敬存之"即是常不忘此理，常以此理应用于事物，并保存它，久之我们的心就成为不将迎、无内外、应物不藏的镜子，宋明哲学家所谓的修养大抵如此。

西洋哲学中斯宾诺沙[①]的哲学最像中国哲学的这方面。斯氏的伦理学分五部，第一部是说神（宇宙全体），第二部是说心的来源及其性质，第三部是说情感的来源及其性质，第四部是说人所受的束缚，第五部是说人的自由。人若知诸物都根据必然，又知爱神则可得解脱感情的束缚，得到自由。

---

① 斯宾诺沙（Benedictus de Spinoza），17世纪荷兰哲学家，西方近代唯物论、无神论和唯理论的主要代表。认为追求个人利益是人的最高的自然权利，也是人性的普遍规律和道德的唯一基础。著有《伦理学》《政治论》《理智改进论》等。（现多译为"斯宾诺莎"。——编者注）

此文限于篇幅,仅就中国哲学此方面略述大概,其余在他处详论。

(此文署名"燕京大学教授冯友兰",日译者未详,载日本《改造》杂志1926年7月号。中译者王青,后藤延子校,译校于1990年)

名教之分析

我们常听人说"纲常名教"。纲自然是三纲,常自然是五常,这些名词的意义,都是极确定的。至于所谓名教,其意义就不十分确定了。所谓名教,大概是指社会里的道德制度,与所谓礼教的意义差不多。我们又常听说"名分"。名分,名教,这些名词都是早已流行。如《庄子·天下篇》说:"《易》以道阴阳;《春秋》以道名分。"《世说》乐广说:"名教中自有乐地。"本篇的意思,就在说明所谓名分,名教之名之意义。

我们学过论理学或文法的,都知道名,即名词,有许多种类。有公名,即普通名词;有私名,即固有名词;有抽象名词,有具体名词,等等。不拘何种名词,其所指的,都是一个概念或观念,其全体或其一部分,是可知而不可感觉的。普通名词所指之全部,是不可感觉的。例如桌子,我们不能感觉"桌子";我们所感觉者乃"此桌或彼桌"。"桌子"是概念,此桌或彼桌是个体。至于固有名词之所指,普通以为是可感觉的,但亦不尽然。例如"北京大学"一名词之所指,其中之一部分是可感觉的。我们可以看见他的大楼,碰见他的教员学生,但"北京大学"一名之内涵——我以为固有名词也有内涵——决不只是几座大楼及几百教员,几千学生。他的二十多年的历史,他的教职员学生对于社会国家之贡献,以及他在社会上的地位,等等,都是他的内涵的部分。"北京大学"是一个观念。固有名词所指,皆是一个观念。

不过固有名词所指,是独一无二的,他所指变,他的内涵也就随之而变。普通名词所指是一类;此一类中之个体虽少数有变,其结果不过是此少数不得属于此类,而此普通名词之内涵,则并不变。例如"大学"是普通名词,某某大学是个固有名词。某某大学之内容变坏,某某大学一名之内涵,也随着变了。然而"大学"名,则并不变;其结果不过是某某大学不得属于"大学"之类,不算"大学"就是了。

说某某大学不算"大学",就是说某某大学,不合乎"大学"之概念。普通名词代表一概念;此概念的义蕴,即是此普通名词所指之物之要素,共相。这些要素或共相,若用言语文字表出,即是此名词所指之物之定义。说某某大学不算"大学",就是某某大学没有"大学"之要素,不合乎"大学"之定义。

孔子说:"君君,臣臣,父父,子子。"(《论语》)上一个君字即是指的个体的君,具体的君;下一个君字是指普通的君,抽象的君、臣、父、子等类推。孔子又说:"觚不觚,觚哉!觚哉!"觚不觚,上一个觚字,也是指个体的、具体的觚;下一个觚字,也是指的普通的、抽象的觚。孔子主张正名,就是想叫个体的事物,都合乎他的名,合乎他的定义,换言之,即是各如其所应该。君应合乎君之所应该,臣应合乎臣之所应该。这就是所谓"君君,臣臣……"的意义。

在西洋哲学里,概念很重要。柏拉图特意为概念另立一个世界。中国人在理论方面,除了孔子讲正名,公孙龙讲白马非马外,其余哲学家都不讲概念。就是孔子及公孙龙所讲,虽是概念,但他们却也似乎没有自觉他们所讲的是概念。但在实践方面,概念在中国,却甚有势力。名教,名分,在中国有势力。名所指的就是概念。

就拿忠孝来说罢。臣为什么要忠君呢?有一种说法是:君待臣有恩,臣要报恩,若君待臣没有恩,臣也就不必报恩了。孟子说:"君之视臣如手足,则臣视君如腹心……君之视臣如土芥,则臣视君如寇仇。"(《孟子·离娄下》)豫让说："众人遇我，我故众人报之……国士遇我，我故国士报之。"（《史记·刺客列传》）不过这种说法不是以后主持名教者之正统的（orthodox）说法。按正统的说法，君可不明，臣不可不忠；父可不慈，子不可不孝。韩愈说："臣罪当诛兮，天王圣明。"此言正是主持名教者之正统的说法。后来每朝亡国，皆有殉君之臣，不管那事实上的亡国之君，是不是有配叫人殉的价值。其所以就是那些忠臣所殉的是君，君之概念，君之名，并不是事实上的崇祯或他亡国之君的个人。梁巨川先生殉清而死，但他又说他所殉的不是清朝。他所殉的不是清朝，更不是光绪宣统，他所殉的是他的君。

宋儒说："天下无不是底父母。"这与韩愈"天王圣明"的话，一样意思。按照父的要素，父的名，父当然是慈的。按照君的要素，君的名，君当然是明的。但普通的、抽象的君父，非附在特殊的、具体的个体上，不能存在于这个具体的、实际的、实践的世界上。所以臣、子，为忠于君，孝于亲，不能不对于实际的、具体的个人，实践忠孝。而这些实际的、具体的个人之为君父者，往往不能皆如君父之名之要素，如其所应该。然无论事实上具体的君父怎么样，臣子总要忠孝，因为原来他们所须忠于，所须孝于的，并不是这些事实上的具体的君父，而乃是事实上具体的君父代表之概念。

按旧礼教，妻应为夫守节，或殉夫，其理由也是如此。妻应为夫守节，并不是因为夫妻之间恩爱。按旧说法，寡妇夜哭，尚为非礼；夫妻恩爱四字，如何能说出口。按旧礼教，夫即待妻无恩，或曾虐待妻，妻也要为夫守节。要知道她是为她的"夫"（夫之名）守节，并不是为事实上具体的某人守节。袁子才的妹嫁给一极坏的人为妻，尚能曲尽妻道。要知道她是为她的"夫"（夫之名）尽"妻"（妻之名）道，并不是特厚于事实上具体的某人。她是屈服于名、概念，并不是屈服于事实上具体的某人。

中国也曾有人设法把名及代表名之个体分开的。孟子说："闻诛一夫纣矣，未闻弑君也。"他把纣与"君"分开。晏平仲说："君民者，岂以陵民？社稷是主；臣君者，岂为其口实？社稷是养。故君为社稷死，则死之。为社稷亡，则亡之。若为己死而为己亡，非其私昵，谁敢任之？"（《左传》襄公二十五年）君为社稷死，则是以君之资格死，臣可从死。若为己死，则是以个人资格死，臣亦不必管他。推之，事实上的个体的父与夫，若不合其所代表之名，则子与妻亦可不以之为父与夫。这种分别，本是极有道理的，无奈不为正统派的名教所采用。这种分别，若采用，则中国历史上可少许多不合理的事情。

观于以上所说，可知道概念在中国实践道德方面之重要。至于为什么臣要忠于君，子要孝于父；再者中国实践道德之此方面之价值如何，这个问题，俱不讨论。

我们研究一个事实，不一定就是赞成那个事实。我们分析名教，并不一定就是维持名教。这是我所要向读者声明的。

十五年^①十二月二十三日

（原载《现代评论》第二周年纪念增刊，1927年1月）

---

① 即民国十五年，1926年。——编者注

泛论中国哲学

（一）中国哲学非无系统

中国哲学家多无精心结撰，首尾贯串之哲学书，故论者多谓中国哲学家多无系统。然所谓系统有二：即形式上的系统，与实质上的系统。中国哲学家的哲学虽无形式上的系统，但如谓其无实质上的系统，则即等于谓中国哲学不成东西，中国无哲学。形式上的系统，希腊较古一点的哲学亦无有。苏格拉底本来即未著书。柏拉图之著作，用对话体。亚里士多德方将其所研究分为政治、伦理等部分，每部分皆有条理清楚之论文讨论。按形式上的系统说，亚里士多德的哲学较有系统。但在实质上，柏拉图的哲学，亦同样有系统。依威廉·詹姆斯说：一大哲学家必有其自己之"见"，以此"见"为中心，而推而应用于宇宙之各方面。应用愈广，则其哲学系统亦愈大。故大哲学家之哲学，皆如枝叶扶疏之树，其中首尾贯彻，一切皆是一片。故一哲学家之哲学，如可称为哲学，则必须有实质的系统。所谓大哲学家之哲学系统，即指其实质的系统也。中国哲学之形式上的系统，虽不及西洋哲学家，而实质上的系统则固有也。

（二）中国哲学非无进步

论者又多谓中国哲学无进步。孔子讲尧舜；董仲舒、何休讲孔子；朱晦庵、王阳明讲孔子；戴东原①、焦循②仍讲孔子。在表面上观之，似古人有一切，今人一切无有。但考其实际，则孔子自是孔子，董仲舒自是董仲舒，何休自是何休。若知孔子所说之唐虞三代，自是其自己之理想境界，若知郭象的庄子注，自是郭象的哲学，则中国哲学进步之迹，即显然矣。

---

① 戴东原（1724—1777），名震，字东原。安徽休宁隆阜人。18世纪我国最大的学问家。对于文字学、音韵学、经学有重要贡献，对于天文学、算学、地理学也有深入的研究。他痛恨道学的"以理杀人"，认为欲、情、知是人性的三个方面，所谓"天理"就是情之不爽失。主要著作有《原善》《孟子字义疏证》。

② 焦循（1763—1820），字理堂，一字里堂。江苏甘泉（今扬州）人。清代经学家、数学家、戏曲理论家，对于经、史、历、算、音韵、训诂均有研究。著作有《里堂算记》《易章句》《易通释》《剧说》等。

中国哲学与西洋哲学皆日在进步中。盖宇宙事物之由简趋繁，学术之由不明晰至于明晰，乃是实然的，并非当然的。凡当然者可以有然有不然，实然者则不能有然有不然也。

或者以为郭象所说，在庄子已有其端，郭象不过发挥引申，何能以之为其自己的哲学？推而朱晦庵、王阳明等，亦不过发挥引申《大学》①、《中庸》②上所说，所以亦无新贡献之可言。不过我们即承认这些哲学家真不过发挥引申，我们亦不能轻视发挥引申。发挥引申即是进步。小儿长成大人，大人亦不过发挥引申小儿所已潜具之官能而已。鸡卵变成鸡，鸡亦不过发挥引申鸡卵中所已有之官能而已。我们岂可谓小儿即是大人，鸡卵即是鸡？用亚里士多德③的名词说，潜能（Potentiality）与现实（Actuality）大有区别，由潜能到现实便是进步。欲看中国哲学进步之迹，我们第一须将各时代的材

---

① 《大学》原为《礼记》中的一篇文章，战国时期的儒家学者所作。宋儒把这篇文章独立出来，与《论语》《孟子》《中庸》共称为"四书"。程颐说它是"初学入德之门"。朱熹说"古人为学次第者，独赖此篇之存，而《论》《孟》次之"。

② 见《中国哲学中之神秘主义》，第72页注②。

③ 亚里士多德（Aristoteles，公元前384—前322），古希腊著名哲学家，最早将哲学和其他科学区别开，开创了逻辑学、伦理学、政治学和生物学等学科的独立研究，在各个领域对西方文化的发展都产生了巨大影响。主要著作有《工具论》《形而上学》《物理学》《大伦理学》等。

料归之于各时代，以某人之说话，归之于某人。如此则各哲学家的哲学之真面目见，而中国哲学进步之迹亦显然矣。

从前研究中国学问者，或不知分别真书伪书，或知分别而以伪书为无价值；此亦中国哲学之所以在表面上似无进步之一原因。我们如以《关尹子》①为真书，我们当然觉得有些佛学中之道理，春秋时人已说。我们如以《管子》②中之《心术》等篇为真是管仲所作，我们当然觉得原来道家大半是"述而不作"，无多大进步。但我们如将《关尹子》放在唐、五代之时，如把《心术》《白心》等篇放在战国时，则进步之迹又即显然可见。我们研究哲学史，对于史料必须分别真伪者，正以非如此不能见各时代思想之真面目也。如只为研究哲学起见，则我们只需注重书中所说之话之本身之是否不错。至于此话果系何人所说，果系何时代所有，则丝毫不关重要。某书虽伪，并不因其伪而失其价值，如其本有价值。某书虽真，并不因其真而有价值，如其本无价值。为研究哲学史起见，伪书虽不能代表其所假冒之时代之思想，而乃是其产生之时代之思想，正

---

① 《关尹子》，托名周大夫关令尹喜所著书，学术界认为是唐、五代时期的伪作。
② 《管子》，战国时期齐国稷下学官的佚名学者们托名管仲而创作的一部论文集，其内容庞杂，重点体现的是齐法家的思想。

其产生之时代之哲学史料也。如《列子·杨朱》①篇虽非杨朱学说，而正是魏晋间一种流行思想之有系统的表现，正魏晋时代哲学史料也。故以《杨朱》篇为伪者，非废《杨朱》篇，不过将时代移后而已。

（三）中国所以无科学之原因

科学之目的在求真。世界文明古国，皆有科学之萌芽；惟近世西洋人始认真研究科学，以增进知识与权力。其所以如此者，因其持一种哲学，以知识权力为好，故努力以求之。（参看拙著《人生理想之比较研究》第八章、《人生哲学》第七章）中国哲学家则多未以知识权力之自身为有其好，故不为知识而求知识，为权力而求权力。不但不为知识而求知识也，即直接能为人增幸福之知识，中国哲学家亦只愿实行之以增人之幸福，而不愿空言讨论之。所谓"吾欲托之空言，不如见之行事之深切著明也"。故中国人向不十分著重著书立说。"太上有立德，其次有立功，其次有立言。"中国哲学家多讲"内圣外

---

① 《列子》一书中有《杨朱篇》，主张为我主义、享乐主义，把"人人不损一毫，人人不为天下"看作是人类社会的理想境界。学术界有人认为是魏晋时人所伪作。

王"之道。内圣即立德；外王即立功。其最高理想，即实有圣人之德，实举帝王之业，如柏拉图所说哲学王者。至于不能实举帝王之业，以推行其圣人之德，不得已然后退而立说焉。故著书立说，中国哲学家视之，乃最倒霉之事，不得已而后为之。在此情形下当然无人为知识而求知识矣。至于无限的控制天然之权力，中国哲学家亦不以为好。观道家及儒家之哲学可见。总之中国哲学家多注重于人之是什么，而不注重于人之有什么。圣人即毫无知识权力，亦是圣人。恶人即有无限之知识权力，亦是恶人。王阳明以精金喻圣人，以为只须成色精纯，即是圣人；至于知识才器，则虽有大小不同，如八千镒之金与九千镒之金，分量不同，然实毫无关系。金之成色，属于"是什么"之方面，至其分量，则属于"有什么"之方面。中国人重是什么而不重有什么，故不重视知识权力。不重知识权力，故不重科学。不重科学，故仅有科学的萌芽，而无正式的科学。（参见拙著 *Why China Has no Science, Etc, International Journal of Ethics,* Vol，32，NO.3）[①]

所可注意者，则西洋人既以持一种哲学而有正式的科学，而科学之研究既广，其形式及内容，又足以与哲学以大影响及

---

① 即《为什么中国没有科学》一文。

辅助。故自近世以来，西洋哲学益有进步。中国哲学，既未真受正式的科学之影响与辅助，其观点虽有足以自立，而与西洋哲学比，则问题较简单，论证较缺乏。此亦吾人所无庸讳者。

（四）知识论及逻辑所以在中国哲学中不发达之原因

中国哲学之所以未以知识问题为哲学中之重要问题者，固由于中国哲学家之不喜为知识而求知识，然亦以中国哲学迄未显著底将个人与宇宙分而为二也。西洋近代史中一重要的事，即是"我"之自觉。"我"已自觉之后，"我"之世界即分而为二："我"及"非我"。"我"是主观的，"我"以外之世界皆"非我"也。"我"及"非我"既分，于是主观客观之间，乃有不可逾之鸿沟，于是"我"如何能知"非我"之问题，乃随之而生，于是知识论乃成为西洋哲学中之一重要部分。在中国人之思想中，迄未显著底有"我"之自觉，故亦未显著底将"我"与"非我"分开，故知识问题未成为中国哲学上之大问题。

中国哲学家未竭全力以立言，已如上述。因此之故，所以除一起即灭之古名家，亦少有人有意识底将思想辩论之程度及方法之自身提出研究。故逻辑亦不发达。

十六年^①十一月三日

（原载《燕大月刊》第一卷第二期，1927年11月）

---

① 即民国十六年，1927年。——编者注

中国哲学中之神秘主义

（一）

神秘主义一名，有种种不同底意义。本文所说神秘主义，乃专指一种哲学，承认有所谓"万物一体"之境界者；在此境界中，个人与"全"（宇宙之全），合而为一；所谓主观客观、人我内外之分，俱已不存。学哲学者普通多谓此神秘主义必与唯心论底宇宙论相关连。宇宙必是唯心论底，其全体与个人之心灵，有内部底关系；个人之精神，与宇宙之大精神，本为一体；特以有一种后起底隔阂，以致人与宇宙全体，似乎分离。若去此隔阂，则个人与宇宙，即复合而为一，而所谓神秘底境界，即以得到。学哲学者之普通底意见虽如此，但神秘主义实不必与唯心论底宇宙论相连。如中国之道家哲学，其宇宙论并非一唯心论底，然其中亦有神秘主义也。

佛家之哲学,是神秘主义底,但佛家哲学,严格地说,似不能算是中国哲学。我们固已将佛经翻译成中文,但我们不能因此即以佛经为中国哲学;犹我们即将柏拉图的"对话"译成中文,我们也不能即以之为中国哲学。所以本文对于佛家之神秘主义,存而不论。本文所讨论,只及于道、儒两家。在中国哲学中,此两家之势力最大。此两家皆以神秘底境界为最高境界,以神秘经验为个人修养之最高成就。

不过道家之宇宙论倾向于唯物论;儒家之宇宙论则倾向于唯心论。两家所用以达上述之最高境界,最高目的之方法亦不同。道家所用之方法,乃在知识方面取消一切分别而至于"天地与我并生,而万物与我为一"(《庄子·齐物论》)之境界。儒家所用之方法,乃在道德方面克己去私,以"复其天地万物一体之本然"(王阳明《大学问》)。在中国哲学史中,此二方法,分流并峙,颇呈奇观。不过道家之方法,自魏晋以后,似已无人再讲,而儒家之方法,则有宋明诸哲学家为之发挥提倡,此其际遇之不同也。此但略举,详在下文。

所谓道家、儒家亦颇宽泛。本文以庄子代表古代的道家,以郭象①代表后来的道家；以《中庸》②、孟子③代表古代的儒家，以程明道④、朱晦庵⑤、王阳明⑥等代表后来的儒家。

（二）

知识一名，有广狭二义。其广义乃指一切经验；其狭义乃指智识底知识（intellectual knowledge）。"老聃曰：吾游心于物之初……心困焉而不能知，口辟焉而不能言。……"（《庄子·田子方》）心所能知，口所能言之知识，乃智识底知识；

---

① 郭象（约252—312），字子玄。河南人。魏晋名士。著有《庄子注》。这部书不仅被视为《庄子》的标准注解，而且还是一部魏晋时期重要的哲学著作。郭象援儒入道，认为"小大虽殊，各任其性，苟当其分，逍遥一也"。主张不越名教而任自然。

② 《中庸》原为《礼记》中的一篇文章，后被宋儒独立出来作为"四书"之一。主要讲的是道德修养问题。朱熹认为《中庸》为子思所作，是"孔门传授心法"。

③ 孟子，见《为什么中国没有科学》注。

④ 程明道（1032—1085），名颢，字伯淳，后人称之为明道先生。河南伊川人。北宋时期重要的理学家，由于他和弟弟程颐长期在洛阳讲学，人们把他们的学派称为"洛学"。著作被后人集为《二程遗书》。

⑤ 朱晦庵（1130—1200），名熹，字元晦，一字仲晦，号晦庵。原籍江西，生于福建。南宋著名理学家，其学派被人们称为"闽学"。主要著作有《四书集注》《朱子语类》《朱文公文集》等。

⑥ 王阳明（1472—1529），名守仁，字伯安，自号阳明子，学者称他阳明先生。明代最有影响的理学家。其著作被后人集为《阳明全书》。

心所不能知，口所不能言之经验，虽亦可以广义底知识名之，然实非智识底知识也。道家之反对知识，乃反对智识底知识。道家反对智识底知识而注重纯粹底经验。盖智识底知识之功用，在于分别事物，而纯粹底经验之所得，乃无分别之浑然一体也。

"纯粹经验"是威廉·詹姆斯①所用底名词。所谓纯粹经验（Pure Experience）即是无智识底知识之经验。在有纯粹经验之际，经验者，对于所经验，只觉其是"如此"（詹姆斯所谓that），而不知其是"什么"（詹姆斯所谓what）。詹姆斯说纯粹经验即是经验之"票面价值"（facevalue），即是纯粹所觉，不能以名言区别。此等经验，普通惟最小底婴儿有之。无智识底知识之婴儿，于张开眼看见许多事物之时，他不但不知那些事物是什么，他且简直不知那些事物之是事物。即"事物"之最宽泛底概念，他亦无有。他不过只觉得他见如此如此而已。说"他见"亦不对，因他亦不知他是"他"。他无有一切概念，无有一切名言区别，无有一切智识底知识。他的经验，即是纯粹经验。

---

① 詹姆斯（William James，1842—1910），19世纪末20世纪初美国哲学家、心理学家、实用主义的主要代表。著有《心理学原理》《宗教经验种种》《实用主义》《真理的意义》等。

此种经验，道家认为是可贵底。老子常言婴儿。他说："专气致柔，能婴儿乎？"（《道德经》十章）"我独泊兮其未兆，如婴儿之未孩。"（同上二十章）"常德不离，复归于婴儿。"（同上二十八章）"圣人在天下，歙歙然为天下浑其心。百姓皆注其耳目，圣人皆孩之。"（同上四十九章）"含德之厚，比于赤子。"（同上五十五章）庄子所谓真人，即是复返于婴儿之人。他说：

> 古之真人，其寝不梦，其觉无忧，其食不甘，其息深深。……古之真人，不知说生，不知恶死，其出不䜣，其入不距，翛然而往，翛然而来而已矣。（《大宗师》）

他又说：

> 泰初有无，无有无名，一之所起，有一而未形。物得以生谓之德。未形者有分，且然无间，谓之命。留动而生物，物成生理谓之形。形体保神，各有仪则，谓之性。性修反德，德至同于初。同乃虚；虚乃大。合喙鸣（郭云："无心于言而自言者，合于喙鸣。"）喙鸣合，与天地为合。其合缗缗，若愚若昏。是谓玄德，同乎大顺。（《天地》）

又说:

> 古之人,其知有所至矣。恶乎至?有以为未始有物者,至矣,尽矣,不可以加矣。其次以为有物矣,而未始有封也。其次以为有封矣,而未始有是非也。是非之彰也,道之所以亏也。(《齐物论》)

"古之人","以为未始有物",正如婴儿之不知事物之是事物。即物之最宽泛底概念,他们亦无有。有此经验者,"玄同彼我,弥贯是非";在其经验中,一切皆是浑然一体。若有分别是非,则此浑然一体破;所以说:"是非之彰也,道之所以亏也。"有思虑分别之成人,应"性修反德,德至同于初"。"同于初"即返于浑然一体,"无有无名"之境界,于此即"与天地为合"。"其合缗缗,若愚若昏";《大宗师》中所说之真人,没有一切知识,"其寝不梦,其觉无忧……"正是"若愚若昏",如婴儿然。

所以庄子注重"忘",能忘一切,即至于纯粹经验之境界。他说:

> 颜回曰:"回益矣。"仲尼曰:"何谓也?"曰:"回

忘仁义矣。"曰："可矣，犹未也。"他日复见，曰："回益矣。"曰："何谓也？"曰："回忘礼乐矣。"曰："可矣，犹未也。"他日复见，曰："回益矣。"曰："何谓也？"曰："回坐忘矣。"仲尼蹴然曰："何谓坐忘？"颜回曰："堕肢体，黜聪明，离形去知，同于大通。此谓坐忘。"（《大宗师》）

又说：

> 忘乎物，忘乎天，其名为忘己；忘己之人，是之谓入于天。（《天地》）

能忘一切则即至于纯粹经验，而"同于大通"，"入于天"矣。他又说：

> ……吾犹守而告之，参日而后能外天下。已外天下矣，吾又守之，七日而后能外物。已外物矣，吾又守之，九日而后能外生。已外生矣，而后能朝彻。朝彻而后能见独。见独而后能无古今。无古今而后能入于不死不生。杀生者不死；生生者不生。其为物，无不将也，无不迎也，无不

毁也，无不成也；其名为撄宁。撄宁也者，撄而后成者也。（《大宗师》）

既"外"一切，则所见者，惟浑然之一体而已；此所谓"见独"也。在浑然一体之中，古今死生之一切区别，皆不存在。有此经验者，其应世接物，亦只随顺一切而已。故于物"无不将"，"无不迎"；其视物亦"无不成"，"无不毁"也。

（三）

于上所引"忘己之人，是之谓入于天"。郭象注云：

> 人之所不能忘者，己也。己犹忘之，又奚识哉？斯乃不识不知而冥于自然也。

于上所引"离形弃知，同于大通"。郭象注云：

> 夫坐忘者，奚所不忘哉？既忘其迹，又忘其所以迹者，内不觉其一身，外不识有天地，然后旷然与变化为体而无不通也。

郭象又说：

> 夫圣人，无我者也。故滑疑之耀，则图而域之，恢诡谲怪，则通而一之使群异各安其所安，众人不失其所是，则己不用于物，而万物之用矣。（《齐物论》注）

又说：

> 惟大圣无执，故茫然直往，而与变化为一，一变化而常游于独者也。（同上）

又说：

> 夫忘年故玄同死生，忘义故弥贯是非；是非死生，荡而为一。斯至理也。至理畅于无极，故寄之者不得有穷也。（同上）

圣人"不识不知"，"内不觉其一身，外不识有天地"，"无我"，"无执"，"遗彼忘我，冥此群异"（《逍遥游》注），群异冥则纯粹经验得，而浑然与万物为一体矣。

道家之宇宙论，倾向于唯物论；其所说万物一体之境界，亦是知识论底（Epistemological），而非本体论底（Ontological）。其所以达此境界之方法，则在知识方面取消分别而至于纯粹经验，如上文所说。

（四）

道家之方法，注重于知识方面；儒家则注重于道德实践方面。儒家以为吾人宜致力于"求仁"，"强恕"，以"合内外之道"；内外合则吾人亦即至于万物一体之境界。儒家所说，与德国哲学家叔本华所说以"爱之事业"打破"个性原理"者，颇有相似之点。叔本华以为普通人皆为"个性原理"所限制，所以于人我之间，分清界限。但能仁爱以扩大其心者，则可打破人我之界限，而至于万物一体之境界。（参看拙著《人生哲学》第六章）此与儒家之以"克己"、"强恕"求仁，以至于万物一体之境界者，固有相似之处也。

孔子常说仁。其所谓仁之意义，是否即如宋儒所解释者，诚是一问题。然孔子固明说：

> 夫仁者，己欲立而立人，己欲达而达人，能近取譬，

可谓仁之方也矣。(《论语·雍也》)

又说:

> 克己复礼为仁。一日克己复礼,天下归仁焉。为仁由己,而由人乎哉?

可知孔子所谓仁之要素,亦是取消人我之界限,所以为仁首注重克己也。不过所谓万物一体之境界,孔子未尝明言;其所谓仁或只是一种道德,并无神秘主义底意义。至《中庸》及孟子,儒家之神秘主义,始完全显明。《中庸》说:

> 天命之谓性。

又说:

> 惟天下至诚为能尽其性;能尽其性,则能尽人之性;能尽人之性,则能尽物之性;能尽物之性,则可以赞天地之化育;可以赞天地之化育,则可以与天地参矣。

孟子说：

> 尽其心者，知其性也；知其性则知天矣。存其心，养其性，所以事天也。夭寿不贰，修身以俟之，所以立命也。（《孟子·尽心上》）

据此可知《中庸》，孟子，在形上学上，皆以为性即人之所受于天者；天与性本来只是一个，宇宙是唯心论底；人与宇宙，有内部底关系。惟其如此，所以能尽己之性即能尽人之性；能尽人之性即能尽物之性；能尽物之性即赞天地之化育而与天地参。惟其如此，所以尽其心即知其性，知其性即知天也。

惟其如此，所以孟子说：

> 万物皆备于我矣。反身而诚，乐莫大焉。强恕而行，求仁莫近焉。（同上）

"万物皆备于我"，即万物本与"我"为一体也。"我"与万物本为一体，而乃以有隔阂之故，我与万物，似乎分离；此即不诚。至宇宙之全体，则本以万物为一体，所以无不诚。所以《中庸》说：

> 诚者，天之道也；诚之者，人之道也。

又说：

> 诚者，非自成己而已也，所以成物也。成己，仁也。成物，智也。性之德也，合内外之道也。

孟子说：

> 是故诚者，天之道也；诚之者，人之道也。至诚而不动者，未之有也。不诚未有能动者也。（《孟子·离娄》）

如欲返于万物一体之境界，则须行仁恕之道，推己及人，"成己"，"成物"，"合内外之道"。内外合则"我"与万物为一体矣。孟子说："强恕而行，求仁莫近焉。"以恕求仁，孟子所谓仁，或即是诚，或乃所以求诚。要之强恕即推己及人之道。常推己以及人，则人我之界限破，而"我"与万物为一体矣。

孟子所谓浩然之气，即个人在此最高境界中之精神状态，所以孟子说：

> 其为气也，至大至刚，以直养而无害，则塞于天地之间。（《孟子·公孙丑上》）

至于养此气之方法，孟子说：

> 其为气也，配义与道，无是，馁也。是集义所生者，非义袭而取之也，行有不慊于心，则馁矣。我故曰：告子未尝知义，以其外之也。必有事焉，而勿正，心勿忘，勿助长也。（同上）

此所谓义，大概包括孟子所说人性中所有诸善"端"。以诸"端"皆性内本有，非由外学来。故曰："告子未尝知义，以其外之也。"此诸善"端"，皆倾于取消人我界限。即此逐渐推广，勿停止不进（焦循《孟子正义》谓"正之义通于止"），亦勿急躁求速，"集义"既久，则行无"不慊于心"，而"塞于天地之间"之精神状态，亦即得到矣。

（五）

《论语》《大学》《中庸》《孟子》乃宋、明哲学家所据之经典。由今视之，宋、明哲学家所讲说，其大端实即上述之神秘主义，不过其"条理工夫"或加详密而已。

程明道云：

> 学者须先识仁；仁者浑然与物同体；义礼知信皆仁也。……此道与物无对，大不足以名之。天地之用，皆我之用，孟子言万物皆备于我，须反身而诚，乃为大乐，若反身未诚，则犹是二物有对，以己合彼，终未有之，又安得乐？（《二程语录》卷二）

又说：

> ……天人一也，更不分别。浩然之气，乃吾气也，养而不害，则塞乎天地，一为私心所蔽，则欿然而馁，知其小也。思无邪，无不敬，只此二句，循而行之，安得有差？（同上）

程伊川云：

> 圣人之神，与天地为一，安得有二？至于不勉而中，

不思而得，莫不在此。此心即与天地无异，不可小了他。若或将心滞在知识上，故反以心为小。（同上）

又说：

> 只著一个私意，便是馁，便是缺了他浩然之气处。（同上，按此条未注明系明道或伊川所说）

又说：

> 万物皆备于我，不独人尔，物皆然，都自这里出去。只是物不能推，人则能推之。纵能推之，几时添得一分？不能推之，几时减得一分？百理具在平铺放著。（同上，按此条亦未注明）

"我"本与万物为一体，"万物皆备于我"，"此心与天地无异"，特以有"私"，故"小了他"，去此"私"，则万物一体之本然复，此之谓"能推"。

（六）

朱晦庵云：

> 人之所以为人，其理则天地之理，其气则天地之气，理无迹不可见，故于气观之。……将此意看圣贤许多说仁处，都只是这意。告颜子以克己复礼，克去己私，以复于礼，自然都是这意思。这不是待人旋安排，自是合下都是这个浑全流行物事。此意思才无私意间隔，便自见得人与己一，物与己一；公道自流行。（《朱子全书》卷四十七）

又说：

> 无私，是仁之前事，与天地万物为一体，是仁之后事，惟无私然后仁，惟仁然后与天地万物为一体。（同上）

又说：

> 己私既克，则廓然大公，与天地万物，血脉贯通。爱

之理得于内，而其用行于外。天地之间，无一物之非吾仁矣。……盖己私既克，则廓然大公，皇皇四达，而仁之体无所蔽矣。夫理无蔽，则天地万物，血脉贯通，而仁之用无不周矣。然则所谓爱之理者，乃吾本性之所有，特以廓然大公而后在，非因廓然大公而后有也。以血脉贯通而后达，非以血脉贯通而后存也。（同上）

又说：

大其心则能遍体天下之物。体，犹仁体事而无不在。言心理流行，脉络贯通，无有不到。苟一物有未体，则便有不到处。包括不尽，是心为有外。盖私意间隔，而物我对立，则虽至亲，且未必能无外矣。故有外之心，不足以合天心。（《朱子全书》卷四十四）

克己去私以求仁，以至于万物一体之境界。至万物一体之境界，则物我之对立消，而心无外矣。故云："惟无私然后仁，惟仁然后与天地万物为一体。"

（七）

王阳明说：

> 大人者，以天地万物为一体者也。其视天下犹一家，中国犹一人焉。若夫间形骸而分尔我者，小人矣。大人之能以天地万物为一体也，非意之也，其心之仁本若是其与天地万物而为一也。岂惟大人，虽小人之心亦莫不然，彼固自小之耳。……小人之心，既已分隔隘陋矣，而其一体之仁，犹能不昧若此者，是其未动于欲未蔽于私之时也。及其动于欲，蔽于私，而利害相攻，忿怒相激，则将戕物圮类，无所不为，其甚至有骨肉相残者，而一体之仁亡矣。……故夫为大人之学者，亦惟去其私欲之蔽，以自明其明德，复其天地万物一体之本然而已耳。非能于本体之外，而有所增益之也。……明明德者，立其天地万物一体之体也；亲民者，达其天地万物一体之用也。故明明德必在于亲民，而亲民乃所以明其明德也。（《大学问》）

钱德洪云："《大学问》者，师门之教典也。"（《王文成公全书》卷二十六）明德即"天地万物一体之本然"；"明明德必在于亲民，而亲民乃所以明其明德"。此即以"爱之事业"达到万物一体之境界之意也。

（八）

总观以上所引程、朱及王阳明之言，则此诸哲学家皆以为：（一）天地万物本来一体；（二）人以有私，故本来之一体，乃有间隔而生出物我之对待；（三）吾人须克己去私，以复天地万物一体之境界。朱晦庵、王阳明为宋明哲学二大派之中坚人物，而其所见在大体上，竟相同如此。总之宋明诸哲学家，皆以神秘主义底境界为最高境界，而以达到此境界为个人修养之最高成就。所谓程朱、陆王之争论，特在其对于"格物"之解释。朱晦庵之欲尽格天下之物，诚未可厚非，但以之为达到神秘主义底境界之方法，则未见其可。朱晦庵云：

> 盖人心之灵，莫不有知；而天下之物，莫不有理。惟于理有未穷，故其知有不尽也。是以大学始教，必使学者即凡天下之物。莫不因其已知之理而益穷之，以求至乎其极。至于用力之久，而一旦豁然贯通焉，则众物之表里精粗无

不到，而吾心之全体大用无不明矣。（《大学章句》）

姑无论神秘主义底境界为何，但以智识底知识求之，实乃南辕北辙。道家且以取消智识底知识，为达到神秘主义底境界之方法，可知二者之相矛盾矣。总之，智识底知识与神秘主义，乃在两个绝不相干底世界之中。朱子亦不能言格尽天下之物如何能转到万物一体之境界，特以"而一旦"三字为过渡，亦勉强极矣。陆象山以"支离"诋之。就此点言，则诚支离矣。若但就以上所引朱子之言观之，则大体与陆王之说无异也。

（原载《燕京学报》第一期，1927年6月）

孔子在中国历史中之地位

廖平①说：

> 六经，孔子一人之书；学校，素王特立之政；所谓道冠百王，师表万世者也。刘歆以前，皆主此说，故移书以六经皆出于孔子，后来欲攻博士，故牵涉周公，以敌孔子，遂以"礼""乐"归之周公，"诗""书"归之帝王，"春秋"因于史文，"易传"仅注前圣。以一人之作，分隶帝王周公，如此是六艺不过如选文选诗。或并删正之说，亦欲驳之，则孔子氍碌无所建树矣。盖师说浸亡，学者以己律人，亦欲将孔子说成一教授老儒，不过选本多，门徒众。……（《知圣篇》）

---

① 廖平（1852—1932），字季平，初号四益，晚年更号五译，又更号六译，四川井研人，近代今文经学家。著作有《今古学考》等。

康有为说：

孔子为教主，为神明圣王，配天地，育万物，无人无事无义，不范围于孔子大道中，乃所以为生民未有之大成至圣也。……汉以来皆祀孔子为先圣也。唐贞观乃以周公为先圣，黜孔子为先师。孔子以圣被黜，可谓极背谬矣。然如旧说，《诗》，《书》，《礼》，《乐》，《易》，皆周公作；孔子仅在删赞之列。孔子之仅为先师而不为先圣，比于伏生，申公①，岂不宜哉？然……六经皆孔子所作也。汉以前之说，莫不然也。学者知六经为孔子所作，然后孔子之为大圣，为教主，范围万世而独称尊者，乃可明也。知孔子为教主，六经为孔子所作，然后知孔子拨乱世致太平之功，凡有血气者，皆曰被其殊功大德，而不可忘也。（《孔子改制考》卷十）

---

① 伏生、申公，秦汉之际的儒家学者。《汉书·艺文志》说："《易》曰：'河出图，洛出书，圣人则之。'故《书》之所起远矣，至孔子纂焉，上断于尧，下讫于秦，凡百篇，而为之序，言其作意。秦燔书禁学，济南伏生独壁藏之。""《书》曰：'诗言志，歌咏言。'……故古有采诗之官，王者所以观风俗，知得失，自考证也。孔子纯取周诗，上采殷，下取鲁，凡三百五篇，遭秦而全者，以其讽诵，不独在竹帛故也。汉兴，鲁申公为《诗》训故，而齐辕固、燕韩生皆为之传。"

这是清末"今文家"的学说。孔子本来已竟是一般人所承认的先圣先师,本来已竟是一部分汉儒所承认的素王。清末"今文家"犹以为未足,乃于先圣、先师、素王之外,又为上一"教主"的尊号。孔子的地位,于是为最高;其风头亦于是出得最足。

然而"日中则昃,月盈则亏",孔子的厄运,也就于是渐渐开始;他的地位,也就于是一天低落一天。在以前,孔子是教主素王,制作六经之说,虽未必为尽人所承认,但他是先圣先师,曾删《诗》《书》,正《礼》《乐》,赞《易》,作《春秋》,则否认者极少。但现在多数人的意见,则不但以为孔子未曾制作六经,且"并删正之说,亦欲驳之"。于是孔子乃似"碌碌无所建树矣"。廖季平所反对之意见,正现在多数人所持者。由素王教主之地位,一降而为"教授老儒","比于伏生,申公",真孔子厄运也。

本篇的主要意思,在于证明孔子果然未曾制作或删正六经;即令有所删正,也不过如"教授老儒"之"选文选诗";他一生果然不过是一个"选本多,门徒众"的"教授老儒";但他却并不因此而即是"碌碌无所建树";后人之以先圣先师等尊号与他加上,亦并非无理由。

关于孔子未曾制作或删正六经的证据,前人及时人已经举过许多；现在只需附加几个。《易》及《春秋》，依传说乃孔子毕生精力之所聚。一个是他特别"作"的；一个是他特别"赞"的。他作《春秋》以上继文、武、周公；他赞《易》；作《彖》《象》《文言》《系辞》等，"以通神明之德，以类万物之情"。现在只说这两部书是否果为孔子所"作"所"赞"。

据孟子说，孔子作《春秋》之目的及功用，在使"乱臣贼子惧"。然《左传》宣公二年（西历纪元前607年），赵穿弑晋灵公，

> 太史书曰："赵盾弑其君"，以示于朝。宣子曰："不然。"曰："子为正卿，亡不越竟，反不讨贼，非子而谁？"……孔子曰："董狐，古之良史也；书法不隐。"

又《左传》襄公二十五年（西历纪元前548年），崔杼弑齐庄公，

> 太史书曰："崔杼弑其君。"崔子杀之。其弟嗣书而死者二人。其弟又书，乃舍之。南史氏闻太史尽死，执简以往，闻既书矣，乃还。

据此则至少春秋时晋齐二国太史之史笔，皆能使"乱臣贼子惧"。不独"春秋"为然。赵穿弑晋灵公，而董狐却书"赵盾弑其君"，则所谓"诛心"及"君亲无将，将则必诛"等"大义"，董狐的《晋乘》中，本来亦有，《春秋》不能据为专利品。孟子说：

> 晋之《乘》，楚之《梼杌》，鲁之《春秋》，一也。其事则齐桓晋文，其文则史，其义则丘窃取之矣。（《孟子·离娄》）

"其义"不止是《春秋》之义，实亦是《乘》及《梼杌》之义，观于董狐史笔，亦可概见。孔子只"取"其义，而非"作"其义。孟子此说，与他的孔子"作《春秋》"之说不合，而却似近于事实。

但抑或因鲁是周公之后，"礼义之邦"，所以鲁之《春秋》，对于此等书法，格外认真，所以韩宣子聘鲁"观书于太史氏，见《易》象与鲁《春秋》，曰：'周礼尽在鲁矣。'"（《左传》昭公二年，西历纪元前504年）他特注意于"鲁《春秋》"，或者"鲁《春秋》"果有比"晋之《乘》"、"楚之《梼杌》"较特别的地方。所以在孔子以前，就有人以《春秋》为教人的教科书。楚庄王（西历纪元前613年至前591年）使士亹傅太子箴；士亹问于申叔时，叔时曰：

> 教之《春秋》而为之耸善而抑恶焉，以戒劝其心。教之"世"而为之昭明德而废幽昏焉，以休惧其动。教之《诗》而为之导广显德，以耀明其志；教之《礼》使知上下之则；教之《乐》以疏其秽而镇其浮。教之"令"使访物官。教之"语"使明其德而知先王之务用明德于民也。教之"故志"使知废兴者而戒惧焉。教之"训典"使知类，行比义焉。（《国语·楚语上》）

可见《春秋》早已成教人的一种课本。不过这些都在孔子成年以前，所以也都与孔子无干。

《春秋》之"耸善抑恶"，诛乱臣贼子，孔子完全赞成；这却是实在情形。《论语》上说：

> 陈成子弑简公，孔子沐浴而朝，告于哀公曰："陈恒弑其君，请讨之。"公曰："告夫三子。"孔子曰："以吾从大夫之后。不敢不也。"（《宪问》）

观此可知孔子以乱臣贼子之当讨，为天经地义。他当然赞成晋董狐、齐太史之史笔，当然赞成《春秋》的观点。孔子主张"正名"，是《论语》上说过的。不过按之事实，似乎不是孔子因主张"正名"而作《春秋》，如传说所说，似乎是孔子取《春秋》等书之义而主张"正名"，孟子所说"其则丘窃取"者是也。不过孔子能从"晋《乘》……鲁《春秋》"等里面，归纳出一个"正名"之抽象的原理，这也就是他的大贡献了。

《易》之《彖》《象》《文言》《系辞》等，是否果系孔子所作，此问题，我们但将《彖》《象》等里面的哲学思想，与《论语》里面的比较，便可解决。

我们且看《论语》中所说孔子对于天之观念：

> 子曰："获罪于天，无所祷也。"（《八佾》）
> 夫子曰："予所否者，天厌之！天厌之！"（《雍也》）
> 子曰："天生德于予，桓魋其如予何！"（《述而》）
> 子曰："文王既殁，文不在兹乎？天之将丧斯文也，后死者不得与于斯文也。天之未丧斯文也，匡人其如予何！"（《子罕》）
> 子曰："吾谁欺，欺天乎？"（《子罕》）

子曰:"噫!天丧予!天丧予!"(《先进》)

孔子曰:"君子有三畏:畏天命,畏大人,畏圣人之言。"(《季氏》)

据此可知《论语》中孔子所说之天,完全系一有意志的上帝,一个"主宰之天"。

但"主宰之天"在《易》之《彖》《象》等中,没有地位。我们再看《易》中所说之天:

大哉乾元,万物资始,乃统天。云行雨施,品物流行。大明终始,六位时成,时乘六龙以御天。乾道变化,各正性命。(《乾·彖》)

天地以顺动,故日月不过而四时不忒。(《豫·彖》)

反复其道,七日来复,天行也;复其见天地之心乎。(《复·彖》)

天地感而万物化生。(《咸·彖》)

天地之道,恒久而不已也。(《恒·彖》)

天行健,君子以自强不息。(《乾·象》)

大哉乾乎,刚健中正,纯粹精也;六爻发挥,旁通情也;时乘六龙;以御天也,云行雨施,天下平也。(《乾·文言》)

> 天尊地卑，乾坤定矣。卑高以陈，贵贱位矣。动静有常，刚柔断矣。方以类聚，物以群分，吉凶生矣。在天成象，在地成形，变化见矣。是故刚柔相摩，八卦相荡。鼓之以雷霆，润之以风雨。日月运行，一寒一暑。乾道成男，坤道成女。乾知大始，坤作成物。乾以易知，坤以简能。……（《系辞》）

这些话究竟是什么意思，我们暂不必管。不过我们读了以后，我们即觉在这些话中，有一种自然主义的哲学；在这些话中，决没有一个能受"祷"，能受"欺"，能"厌"人，能"丧斯文"之"主宰之天"。这些话里面的天或乾，不过是一种宇宙力量，至多也不过是一个"义理之天"。

一个人的思想，本来可以变动，但一个人决不能同时对于宇宙及人生真持两种极端相反的见解。如果我们承认《论语》上的话是孔子所说，又承认《易》之《彖》《象》等是孔子所作，则我们即将孔子陷于一个矛盾的地位。因为上所引《论语》中的话，不一定都是孔子早年说的；我们也不能拿一个人早年晚年之思想不同以作解释。

或者可以说《论语》中所说，乃孔子对门弟子之言，是其学说之粗浅方面，乃"下学"之事，《易》之《彖》《象》等中所说，乃孔子学说之精深方面，乃"上达"之事，群弟子所不得知者。所以子贡说："夫子之文章，可得而闻也；其言性与天道，不可得而闻也。"（《论语·公冶长》）但《论语》中所载，孔子所说"天之将丧斯文"，"天生德于予"之言，并非对弟子讲学，而乃直述其内心之信仰。若孔子本无此信仰，而故为此说以饰智惊愚，则是王莽欺世的手段，恐非讲忠恕之孔子所出。且顾亭林已云：

> 延平先生答问曰："夫子之道，不离乎日用之间。自其尽己而言，则谓之忠；自其及物而言，则谓之恕。……曾子答门人之问，正是发其心尔，岂有二耶？若以为夫子一以贯之之旨甚精微，非门人所可告，姑以忠恕答之，恐圣贤之心，不若是之支也。"（《日知录》卷七《忠恕》）

又云：

> 子曰："二三子以我为隐乎？吾无隐乎尔。吾无行而不与二三子者，是丘也。"谓"夫子之言性与天道不可得而闻"，是疑其有隐者也。不知夫子之文章，无非夫子之言性与天道；所谓吾无行而不与二三子者，是丘也。（同

上,《夫子之言性与天道》)

孔子所讲,本只及日用伦常之事。观《易》之《文言》等中,凡冠有"子曰"之言,百分之九十九皆是讲道德的,更可知矣。至其对于宇宙,他大概完全接受传统的见解。盖孔子只以人事为重,此外皆不注意研究也。所以他说:

> 未能事人,焉能事鬼?……未知生,焉知死?(《论语·先进》)

根据以上所说,及别人所已经说过的证据,我以为孔子果然未曾制作或删正六经或六艺。

不过后人为什么以六艺为特别与孔子有密切的关系?这是由于孔子以六艺教学生之故。以六艺教人,并不必始于孔子,据上所引《国语》,士亹教楚太子之功课表中,也即有《诗》《礼》《乐》《春秋》《故志》等。《左传》《国语》中所载当时人物应答之辞,都常引《诗》《书》;他们交接用《礼》,卜筮用《易》,可见当时至少一部分的贵族人物,都读过这些书,受过这等教育。不过孔子却是以六艺教一般人之第一人。这一点下文再提。现在我们只说,孔子之讲学，与其后别家不同。别家如道、墨等，皆注重其自家之一家言，如《庄子·天下》篇说，墨家弟子诵《墨经》，但孔子则是一个教育家。他讲学的目的，在于养成"人"，养成为国家服务的人，并不在于养成某一家的学者。所以他教学生读各种的书，学各种功课。所以颜渊说："博我以文，约我以礼。"（《论语·子罕》）

《庄子·天下》篇讲及儒家，即说："《诗》以道志，《书》以道事，《礼》以道行，《乐》以道和，《易》以道阴阳，《春秋》以道名分。"这六种正是儒家教人的六种功课。

惟其如此，所以孔子的学生之成就，亦不一律。《论语》上说："德行：颜渊闵子骞；政事：冉有季路；言语：宰我子贡；文学：子游子夏。"（《先进》）又如子路之"可使治赋"；冉有之"可使为宰"；公西华之"可使与宾客言"；皆能为"千乘之国"办事。（《论语·公冶长》）可见孔子教学生，完全要教他成"人"，不是要教他做一家的学者。

孔子以以前已有的成书教人，教之之时，如廖季平所谓"选诗选文"，或亦有之。教之之时，随时讲解，或亦有之。如《论语》："'不恒其德，或承之羞。'子曰：'不占而已矣。'"（《子路》）《易·系辞》中对于诸卦爻辞之引申解释之冠以"子曰"者，虽非必果系孔子所说，但孔子讲学时可以对《易》有类此之解释。如以此等"选诗选文"，此等随时讲解，为"删正六经"，为"赞易"，则孔子实可有"删正"及"赞"之事，不过这等"删正"及"赞"实没有什么了不得的意义而已。后来儒家因仍旧贯，仍继续用六艺教人，恰又因别家只讲自家新学说，不讲旧书，因之六艺遂似专为儒家所有，为孔子所制作，而删正（如果有删正）亦即似有重大意义矣。

《汉书·艺文志》以为诸子皆六艺之"支与流裔"。《庄子·天下》篇似亦同此见解。这话亦并非毫无理由，因为所谓六艺本来是当时人的共同知识。自各家专讲其自己之新学说后，而六艺乃似为儒家之专有品，其实原本是大家共有之物也。但以为各家之学说，皆六艺中所已有，则不对耳。

总之孔子是一个教育家。"述而不作，信而好古"（《论语·述而》），"学而不厌，诲人不倦"（同上），正是他为他自己下的考语。

这样说起来，孔子只是一个"教授老儒"；但他却并不是"碌碌无所建树"，并不即"比于伏生，申公"。下文的主要意思就是要证明三点：

（一）孔子是中国第一个使学术民众化的，以教育为职业的"教授老儒";他开战国讲学游说之风;他创立,至少亦发扬光大,中国之非农非工非商非官僚之士之阶级。

(二)孔子的行为,与希腊之"智者"①相仿佛。

(三)孔子的行为及其在中国历史上的影响,与苏格拉底②的行为及其在西洋历史上的影响相仿佛。

上文已经说过,士亹教楚太子的功课表中,已有《诗》《礼》《乐》《春秋》《故志》等。但此等教育,并不是一般人所能受。不但当时的平民未必有机会受这等完全教育,即当时的贵族也不见得尽人皆有受此等完全教育之机会。韩宣子系晋世卿,然于到鲁办外交的时候,"观太史氏书"始得"见《易》象与鲁《春秋》"(《左传》昭公二年)。季札也到鲁方能听各国之诗与乐(《左传》襄公二十九年)。可见《易》《春秋》《乐》《诗》等,都是很名贵的典籍学问了。

孔子却抱定一个"有教无类"(《论语·卫灵公》)的宗

---

① 智者(sophists),公元前5—公元前4世纪希腊一批收徒取酬的职业教师的统称。他们以雅典为中心,周游希腊各地,对青年进行修辞、论辩和演说等知识技能的训练,教授青年参政治国、处理公共事务的本领。

② 苏格拉底(Sokrates,公元前469—前399),古希腊哲学家,被认为是当时最有智慧的人。后被判处死刑,拒绝赦免和逃亡,饮鸩而死。在欧洲文化史上,他一直被看作是为追求真理而死的圣人。

旨，"自行束修以上，吾未尝无诲焉"（《论语·述而》）。如此大招学生，不问身家，凡缴学费者即收，一律教以各种功课，教读各种名贵的典籍。这是何等的一个大解放！故以六艺教人或不始于孔子；但以六艺教一般人使六艺民众化则实始于孔子。

我说孔子是第一个以六艺教一般人者，因在孔子以前，在较可靠的书内，我们没有听说有什么人曾经大规模地招许多学生而教育之。更没有听说有什么人"有教无类"地号召学生。在孔子同时，据说有个少正卯，"其居处足以撮徒成党，其谈说足以饰褒荣众，其强御足以反是独立"（《孔子家语》）。据说少正卯也曾大招学生，"孔子门人三盈三虚，惟颜渊不去"（《新论》）。庄子说："鲁有兀者王骀，从之游者与仲尼相若。"（《德充符》）不过孔子诛少正卯事，昔人已谓是假的，少正卯之果有无其人，亦不可知。庄子寓言十九，王骀之"与孔子中分鲁"，更不足信。故大规模招学生而教育之者，孔子是第一人。以后则各家蜂起，竞聚生徒，然此风气实孔子开之。

孔子又继续不断地游说于君，带领学生，各处招摇。此等举动，前亦未闻，而以后则成为风气；此风气亦孔子开之。

再说孔子以前未闻有不农不工不商不仕，而只以讲学为职业，因以谋生活之人。古时除了贵族世代以做官为生者外，我们亦尝听说有起于微贱之人物。此等人物，在未仕时，皆或为农或为工或为商，以维持其生活。孟子说：

> 舜发于畎亩之中；傅说举于版筑之间；胶鬲举于鱼盐之中；管夷吾举于士；孙叔敖举于海；百里奚举于市。（《告子》）

孟子的话，虽未必尽可信，但孔子以前，不仕而又别不事生产者，实未闻有人。《左传》中说冀缺未仕时，亦是以农为业（《僖公》三十三年，西历纪元前627年）。孔子早年，据孟子说，亦尝为贫而仕，"尝为委吏矣"，"尝为乘田矣"（《万章下》）。但自"从大夫之后"，大收学生以来，即纯以讲学为职业，为谋生之道。不但他自己不治生产，他还不愿教弟子治生产。樊迟"请学稼"，"请学圃"，孔子说："小人哉，樊须也。"（《论语·子路》）子贡经商，孔子说："赐不受命，而货殖焉；亿则屡中。"（《论语·先进》）他这种不治生产的办法，颇为其时人所诟病。据《论语》所说，荷蓧丈人骂孔子："四体不勤，五谷不分。"（《微子》）此外晏婴亦说：

> 夫儒者滑稽而不可轨法；倨傲自顺，不可以为下；崇丧遂哀，破产厚葬，不可以为俗；游说乞贷，不可以为国。（《史记·孔子世家》）

《庄子》亦载盗跖骂孔子云：

> 尔作言造语，妄称文武……多辞缪说，不耕而食，不织而衣，摇唇鼓舌，擅生是非，以迷天下之主，使天下学士，不反其本，妄作孝弟而侥幸于封侯富贵者也。（《盗跖》）

这些批评未必果是晏婴盗跖所说，《庄子》里面的话，尤不可靠，但这些批评却是当时可能有的。

战国时之有学问而不仕者，亦尚有自食其力之人。如许行"与其徒数十人，皆衣褐，捆屦，织席，以为食"（《孟子·滕文公》）。陈仲子"身织屦，妻辟纑"（同上）以自养。但孟子则不以为然。孟子自己是"后车数十乘，从者数百人，以传食于诸侯"；其弟子彭更即以为"泰"（同上），他人当更有批评矣。孟子又述子思受养的情形，说：

> 缪公之于子思也，亟问亟馈鼎肉。子思不悦。于卒也，

摽使者出诸大门之外，北面稽首再拜而不受。曰："今而后知君之犬马畜伋。"……曰："敢问国君欲养君子，如何斯可谓养矣？"曰："以君命将之，再拜稽首而受。其后廪人继粟，庖人继肉，不以君命将。子思以为鼎肉使己仆仆尔亟拜也，非养君子之道也。"（《万章下》）

观此可知儒家的一种风气。惟其风气如此，于是后来即有一种非农，非工，非商，非官僚之"士"，不治生产而专待人之养己。这种士之阶级，孔子以前，似乎也没有。以前所谓士，多系大夫士之士，或系男子军士之称，非后世所谓士农工商之士也。

《管子》书中《乘马第五》有《士农工商》一节。《国语·齐语》亦述管仲语云：

> 四民者勿使杂处，杂处则其言哤，其事易。……昔圣王之处士也，使就闲燕，处工就官府，处商就市井，处农就田野。……是故士之子恒为士。……工之子恒为工。……商之子恒为商。……农之子恒为农，野处而不昵。其秀民之能为士者，必足赖也。有司见而不以告，其罪五。……工商之乡六，士乡十五。……君有此士也三万人，以方行于天下。

这也是管仲的话。二卷齐语，只有管仲相桓公，霸诸侯一段事。似乎这段与《管子》书中所说，是同一来源。即令《管子》不是假的，这两个证据，也只算一个。就上引管仲一段话而言，其中也有前后不一致的地方。既曰士农工商各以世及，而又说农"野处而不昵。其秀民之能为士者，必足赖也"；"有司"又须"以告"。"有此士也三万人"之士，似乎又以士为军士。韦昭于"士乡十五"下注云："此士，军士也。十五乡合三万人，是谓三军。"若军士非即士农工商之士，则岂非有"五民"吗？此外又有一个反证，《左传》宣公十二年（西历纪元前597）随武子论楚国云：

> 昔岁入陈，今兹入郑，民不罢劳，君无怨讟，政有经矣。荆尸而举，商农工贾，不败其业，而卒乘辑睦。

若士农工商，已是当时普通所谓"四民"，为什么随武子不说士农工商"不败其业"，而说"商农工贾"呢？孔颖达正义云：

> 齐语云："……处士就闲燕……"彼四民谓士农工商。此数亦四，无士而有贾者，此武子意言举兵动众，四者不

败其业。发兵则士从征，不容复就闲燕。

"发兵则士从征"，可见孔颖达亦以《齐语》所说士为非以后所谓士农工商之士。

《管子》系伪书，其中所说，当系孔子以后情形。我所以以为，在孔子以前，似乎没有以后所谓士农工商之士阶级。这种阶级，只能做两种事情，即做官与讲学。直到现在，各学校的毕业生，无论是农业学校或工业学校，还只有当教员做官两条谋生之路，这所谓："仕而优则学；学而优则仕。"（《论语·子张》）

孔子即是此阶级之创立者，至少亦是其发扬光大者。

这种阶级为后来法家所痛恶。韩非子说：

> 博习辩智如孔墨，孔墨不耕耨，则国何得焉？修孝寡欲如曾史，曾史不战攻，则国家何利焉？（《韩非子·八说》）
> 儒以文乱法，侠以武犯禁。……今修文学习言谈，则无耕之劳而有富之实，无战之危而有贵之尊，则人孰不为也？（《韩非子·五蠹》）

孔子与希腊"智者"，其行动颇相仿佛。他们都是打破以前习惯，开始正式招学生而教育之者。"智者"向学生收学费以维持其生活：此层亦大为当时所诟病。孔子说："自行束修以上，吾未尝无诲焉。"他虽未必收定额学费，但如"贽"之类，是一定收的。孔子虽可靠国君之养，未必专靠弟子的学费维持生活，但其弟子之多，未尝不是其有受养资格之一。所以我上文说，孔子以讲学为职业，因以维持生活。这并不损害孔子的价值，因为生活总是要维持的。

孔子还有一点与"智者"最相似，"智者"都是博学多能的人，能教学生以各种功课，而主要目的，在使学生有做政治活动之能力。孔子亦博学多能，所以

> 达巷党人曰："大哉孔子，博学而无所成名。"（《论语·子罕》）
>
> 太宰问于子贡曰："夫子圣者与，何其多能也？"子贡曰："固天纵之将圣，又多能也。"（同上）

孔子教人亦有各种功课，即所谓六艺是也。至于政治活动，亦为孔子所注意，其弟子可在"千乘之国""治赋"，"为宰"。季康子问仲由，赐，求，"可使从政也与？"孔子说"由也果"，"赐也达"，"求也艺"，"于从政乎何

有？"（《论语·雍也》）这即如现在政府各机关之向各学校校长要人，而校长即附加考语荐其毕业生一样。

孔子颇似苏格拉底。苏格拉底本亦是一"智者"。其不同在他不向学生收学费，不卖知识。他对于宇宙问题，无有兴趣，对于神之问题，接受传统的见解。孔子亦如此，如上文所说。苏格拉底自以为负有神圣的使命，以觉醒其国人为己任。孔子亦然，所以有"天生德于予"，"天之未丧斯文，匡人其如予何"之言。苏格拉底以归纳法求定义（亚里士多德说），以定义为吾人行为之标准。孔子亦讲，"正名"，以"名"为吾人行为之标准。苏格拉底注重人之道德的性质。孔子亦视人之完全人格，较其"从政"之能力，尤为重。故对于子路、冉有、公西华，虽许其能在"千乘之国""治赋"，"为宰"，"与宾客言"，而独不许其为"仁"（《论语·公冶长》）。苏格拉底自己不著书，而后来著书者多假其名（如柏拉图之《对话》）。孔子亦不著书，而后来各书中"子曰"极多。苏格拉底死后，其宗派经柏拉图、亚里士多德之发挥光大，遂为西洋哲学之正统。孔子之宗派，亦经孟子、荀子之发挥光大，遂为中国哲学之正统。

即孔子为中国苏格拉底之一端，即已占甚高之地位。况孔子又为使学术普遍化之第一人，为士之阶级之创立者，至少亦系其发扬光大者；其建树之大，又超过苏格拉底。谓孔子不制作或删正六艺即为"碌碌无所建树"者，是谓古之发明帆船者不算发明，必发明潜艇飞机，始为有所建树也。

孔子为士之阶级之创造者，至少亦系其发扬光大者，而中国历代政权，向在士之手中，故尊孔子为先师先圣。此犹木匠之拜鲁班，酒家之奉葛仙也。

十六年十一月九日北京

（原载《燕京学报》第二期，1927年12月）

哲学在当代中国

筹备委员会通知我们,本届大会的重点,在于"批评有关人生需要的流行哲学观念"和"分析对于公共事务的哲学影响",所以在这篇简短的报告里,我不打算涉及技术性的哲学问题,诸如宇宙构成,或知识有效性,这些问题是在学院的圈子里讨论的。我只限于讲我认为是时代精神在中国的理性表现,这些表现若不是指导着,也是标志着中国向何处去。

中国当前面临的"现在",并非她的"过去"的自然发展,而是违反她的意志强加于她的。她不得不面对全新的局势,一直极其困惑。为了使局势更好理解,为了更明智地适应局势,她只好有时用过去解释现在,又有时用现在解释过去。换言之,她必须把她必须面对的新文明与她已有的旧文明联结起来,使二者彼此不生疏,而互相可以理解。除了解释,还有批评。在她用旧文明解释新文明,或者用新文明解释旧文明的时候，别无他法，只好有时用旧的眼光批评新的，又有时用新的眼光批评旧的。因此，对两种文明的解释和批评，就是东方西方在中国会合的自然产物，它打动了中国人心，并在近五十年间形成中国思想的主流。

可以看出：对新旧文明的解释和批评，近五十年中，根据对外来新文明有知或无知的程度，在不同的时间阶段而各不相同。大致说来有三个阶段。第一阶段的标志是，在光绪皇帝驾下康有为领导的命舛的戊戌变法。康有为是儒家公羊学派的学者。照公羊家说，孔子是一位具有神性的大师。孔子设计了模式，可以包括人类进步各阶段。主要有三阶段。第一阶段是据乱世，第二是升平世，第三是太平世。在据乱世，人各为其国。在升平世，所有文明国家联合为一国。在太平世，人皆文明而人类联合为一个和谐的整体。孔子预先知道这些未来的一切。孔子相应地设计了三套社会组织。照康有为说，东西方之间的交往，欧美的政治社会改革，表示人们正在从据乱世向较高阶段即升平世进步。绝大部分的，也许是全部的，西方的政治社会制度，早已含蕴于孔子教义之中。康有为是当时维新运动领袖。但是按他的意见，他所作所为并非采用西方新文明，倒不如说是实行孔子的旧教义。他写了许多儒家经典注解，将他的新思想注入其中。此外他还写了一部《大同书》，在书中具体描绘出将在太平世变成现实的乌托邦。此书性质如此猛烈而革命，甚至绝大多数乌托邦著作家为之瞠目结舌，虽然如此，康有为本人却不是空想家。他坚持说，他在此书中提出的纲领，不到人类文明最高阶段即人类进步最后阶段，决不可以付之实施。他要实施的政治纲领是坚持君主立宪。

当时维新运动中，康有为的一位同事谭嗣同，是一位更能哲学思维的思想家。他写了一部《仁学》，书中也讲孔子关于人类进步的三世之说。照他说，孔子虽然提出了三世总模式，但是孔子所讲的大都是据乱世。因此缘故，孔子常被误解为卫护传统制度和常规道德的人。基督教义主张博爱和上帝面前人人平等，十分接近孔子关于升平世的教义。接近孔子关于太平世的教义的教义是佛教，它超越了一切人世分别和常规道德。

这个时代的主要精神是：领袖们都不与来自西方的新文明对抗，他们对它的价值更不乏欣赏。但是他们欣赏其价值仅限于适合想象的孔子模式的范围。他们用旧的解释新的，用旧的眼光批评新的。后来可见，建立民国的辛亥革命，其哲学根据主要是取自中国哲学。孟子说的"民为贵，社稷次之，君为轻"，曾被大事引用和发挥。像卢梭这样的欧洲革命著作家们的学说也发挥了作用，但是中国人的想法是，他们之所以正确是与孟子相合。

第二阶段的标志是新文化运动,在1919年达到高潮。这个阶段的时代精神是用新的眼光批评旧的。陈独秀和胡适是这场批评的领袖。胡适写了《中国哲学史大纲》,还只出版了上卷。其实这部书与其说是中国哲学史,不如说是中国哲学批判。中国哲学的两个影响最大的学派,儒家和道家,都受到严厉的批评和质问,所用的是功利的和实用的眼光。胡适是争取个人自由与发展,因此他觉得儒家错了,因为儒家教导个人从属于其君其父,其国其家。胡适是提倡奋斗精神与征服自然,因此他觉得道家错了,因为道家教人乐其自然。读他这部书,感觉不到别的,只感觉到,整个中国文明是完全走错了路。

这部书的反作用便是出现一位旧文明的捍卫者。胡适的《中国哲学史大纲》出版不久,另一位哲学家梁漱溟出版了另一部书,名为《东西文化及其哲学》。在这部书中,梁漱溟主张每个文明各代表一种生活路向。有三种主要的生活路向:一种是目的在于满足欲望,一种是限制欲望,一种是否定欲望。我们若选上第一种生活路向,就有欧洲文明;若选上第二种,就有中国文明;若选上第三种,就有印度文明。这三种文明应当代表人类进步的三个阶段。人们应当首先尽力认识自然,征服自然。人们在自然界的地位打好了充足的底子以后,就应当限制欲望,懂得如何知足。但是生活有些内在矛盾无法在生活内部解决。因此人类最后一招,是否定欲望,否定生活,走这种路向。中国人、印度人,不是错在产生了看似无用的文明。他们的文明,都是第一流的,其中都有人类非采用不可的东西。中国人、印度人,都错在没有经过第一路向,就采用第二、第三路向。他们的路子对了,但是时间错了。所以这位东方文明捍卫者也认为,在东方文明中也一定有些东西错了。他的书因此也是时代精神的一种表现。

第三阶段的标志是1926年的民族运动,结果建立了现在的国民政府。这个运动本是以国共合作的力量进行的。孙中山,是辛亥革命领袖,也是这个运动的领袖,以共产社会为最高社会理想。但是他不是共产主义者,因为他反对阶级斗争和无产阶级专政的学说。他以为,理想社会应当是爱的产物,不是恨的产物。不久国共分裂,后者正在受到镇压。由于这个运动,中国人对于西方新文明的态度发生新的转折。体现在政治经济组织中的西方新文明,一度被人认为是人类制度之至善,现在则被认为不过是人类进步的一个阶段。历史没有结束,它正在创造中。历史趋向的最终目的,现在认为是世界和平,人类合一,看来与古老的东方比,与现代的西方更为相投。其实,如果我们只取马克思关于人类进步的学说,撇开其唯物的解释,就看出它与康有为代表的公羊学派学说之间,不无相似之处。

谭嗣同果然在他的《仁学》中，尽管既不知道黑格尔，也不知道马克思，照样指出了马克思主义者可称为人类进步的辩证性质的东西。他指出，在未来理想社会与当初原始社会之间有某些相似。但是在我们达到理想社会时，并不是回到原始社会，我们前进了。

第三阶段的精神，与第一阶段的精神，是一样的吗？不，第一阶段的精神领袖们基本上只有兴趣以旧释新，而我们现在则也有兴趣以新释旧。第二阶段的精神领袖们只有兴趣指出东方西方的不同，而我们现在则有兴趣看出东方西方之所同。我们认为，东方西方若有什么不同，那就是不同环境的产物。在不同的环境，人们有不同的反应。我们若从产生反应的环境来看反应，我们也许可以用黑格尔的话说，凡是实际的也是有理的。因此我们现在没有兴趣用另一种文明的眼光去批评某种文明，像第一、第二阶段的精神领袖们所做的那样，但是有兴趣用另一种文明去阐明某种文明，使两种文明都能被人更好地理解。我们现在有兴趣于东方西方的互相解释，而不是互相批评。我们把它们看作人类进步同一趋势的不同实例，人类本性同一原理的不同表现。这样，东方西方就不只是联结起来了，它们合一了。

这种精神也可以在专门哲学著作中看到。对于中国的与欧洲的哲学观念在做比较和研究，没有任何意图去断定哪个一定正确，哪个一定错误，只不过是怀有兴趣要弄清一种观念用另一种观念讲是什么。希望不久以后我们可以看到，欧洲哲学观念得到中国直觉和体验的补充，中国哲学观念得到欧洲逻辑和清晰思想的澄清。

我认为这就是近五十年中国历史三个阶段中时代精神的特征。若要应用黑格尔辩证法，我们可以说，第一阶段是"正"，第二阶段是"反"，第三阶段是"合"。

在第八届国际哲学大会上宣读，1934年于布拉格

哲学与逻辑

（一）思与辩

若有人问：哲学之存在，是靠人之哪些活动？我必回答说：靠人之思与辩。

思与感相对。在西洋很早的时候，希腊哲学家已经看清楚思与感之分别。在中国哲学家中，孟子说"心之官则思"，他把心与耳目之官相对待。心能思，而耳目则不能思。耳目只能感。孟子说这段话的时候，他说及思，乃注重于其道德的意义。他以心之官与耳目之官对比，亦只注重于其道德的意义。不过心之官与耳目之官之对比，就知识方面说，是很重要的。我们的知识之官能，可分为两种：即能思者与能感者。能思者是心，能感者，所谓耳目之官，即其一种。

普通说到"思"字，我们总容易联想到胡思乱想之思。我们常有幻想，或所谓昼梦，在其中常有许多事情或东西，连续出现，如在脑中演电影然。普通亦以此为思。然此非所谓思。幻想或昼梦，可名为想，不可名为思。思与普通所谓想象亦不同。我们于不见方的东西之时，我们可想象方的东西。但"方"则不可想象，只可思。

思之活动，为对于实在，做理智的分析、总括及解释。例如我们说："这是方的。"此一命题，可有两种解释。一种解释是："这"有方之性。依此解释，我们所以有此命题，乃由于我们能思之官能，将"这"分析而见其有许多性，并于其许多性之中，特提出其方之性。此即所谓做理智的分析。此命题之另一种解释，是："这"是属于方的东西之类中。依此解释，则我们所以有此命题，乃我们知有一方的东西之类。我们不知在实际上所有方的东西，共有若干，并且可并不知在实际上果有方的东西与否，但我们可思一方的东西之类，将所有方的东西，如果实际上有方的东西，一律包括。此即所谓以理智总括。因分析总括之结果，我们对于宇宙，可有一番理智的了解，即此所谓以理智解释。

此诸点以下当继续说明。现在先说：哲学乃自纯思之观点，对于实在做理智的分析、总括及解释，而又以名言说之者。

惟其如此，所以哲学中所有之命题，多为形式的，逻辑的，而不是事实的，经验的。哲学对于实在，只形式地有所肯定，而不事实地有所肯定。换言之，哲学只对于实在有所肯定而不特别对于实际有所肯定。实在与实际不同。实在是指凡可称为有者，亦可名为真际。实际是指有事实的存在者。实际又与实际的东西不同。实际的东西是指有事实的存在的一件一件的东西，如这个桌子，那个椅子等。实际是指所有有事实的存在者。是实际者亦是实在；但实在者不一定是实际。若用真际之名，以谓实在；则我们可说：是实者必真；但是真者未必实。其只是实在而不是实际者，即只真而不实者，此文称为仅实在。有某一件有事实的存在的东西，必有实际，但有实际不一定即有某一件有事实的存在的东西。今以图示此诸分别如下图。就此图所示者说，则对于实在有所肯定者，亦对于实际有所肯定。但其对于实际所肯定者，仅其"是实在"之方面，而不及于其"是实在"外之他方面。例如对于动物有所肯定者，亦对于人有所肯定，但其对于人所肯定者，只其"是动物"之方面，而不及于"是动物"外之他方面。哲学对于实在有所肯定，而不特别对于实际有所肯定，特别二字所表示者即此。

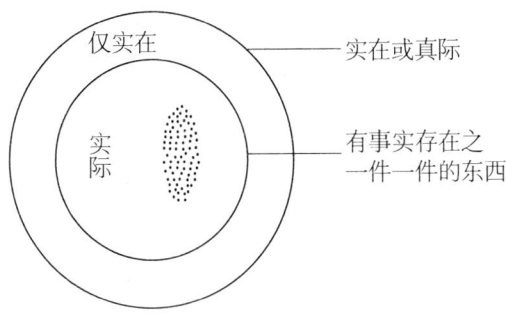

有事实的存在的东西,即实际的东西,是我们经验中所有的。哲学始于分析,解释经验。换言之,即分析解释经验中的实际的东西。由分析实际的东西而知实际,由实际而知实在。关于此诸点,下文另有详说。

如有人说:哲学中有些派别,或有些部分,不是如此。我仍说:即令其不是如此者,亦是哲学,但其是如此者,乃哲学中之最哲学的。凡哲学中之派别或部分,对于实际有所肯定者,即近于科学。其所肯定者愈多,则愈近于科学。科学与哲学之根本不同在此。有人以为哲学是未成熟的科学。如一切学问皆已成熟,则即只有科学而无哲学。或有人以为哲学乃是总科学之大成者。为此诸说者皆未明哲学与科学之根本的不同。然因有此误解,故有以物理学讲形上学者,以为如此可得一科学的形上学。又有以心理学讲知识论者,以为如此可得一科学的知识论。其实,如果需以物理学讲形上学,则不如直讲物理学;如果需以心理学讲知识论,则不如直讲心理学。此其所讲,必非哲学,至少亦非最哲学的哲学。

辩者以名言辩论。哲学是说出或写出之道理。此说出或写出即是辩;而所以得到此道理,则由于思。有人谓:哲学中有些东西,是不可思议,不可言说的。此吾人并不否认。例如下文所说之"气",即绝对的料,即是不可思议,不可言说的。下文所说之"大一",亦是不可思议,不可言说的。但气、大一,并不是哲学,并不是一种学问。气只是气;大一只是大一。不可思议,不可言说者,不是哲学。主有不可思议,不可言说者,对于不可思议者,仍有思议;对于不可言说者,仍有言说。对于不可思议者之思议,对于不可言说者之言说,方是其哲学。佛教之全部哲学,即是对于不可思议者之思议,对于不可言说者之言说。若无此则只有佛教而无佛教哲学。

由上所说,我们可见,哲学研究,乃人之理性之纯粹活动。如人之理性之纯粹活动是人之最高活动,则哲学应为人之最高作品。

（二）哲学之新与旧

哲学中之道理，由思得来。在历史中，人之思之能力，已达至相当完成之程度时，哲学之轮廓，及其中之主要道理，多已大体具备。此后哲学家之所见，可更完备细密，但不易完全出前人之轮廓。在此点哲学又与科学不同。科学大部分是试验的，他的研究大部分靠试验工具。因试验工具可有甚多甚速的革新与进步，科学亦可有甚多甚速的革新与进步。哲学不是试验的，其研究不靠试验工具，而专靠人之思之能力。人之思之能力，是古今如一，至少可以说是很少有显著的变化。它不能如科学所用的试验工具之日新月异。今人之所以能超过前人者，大部分靠今人有新工具。例如今人能飞行，古人不能飞行。此非因今人之体质，在生理方面与古人有何不同，而乃因今人有飞机之工具，而古人则无此工具也。哲学既不靠任何试验工具，而惟靠人之思之能力，而此能力古今人又无大差异，所以自古代以后，即无有全新的哲学。

然全新的哲学，虽不能有或不易有，而较新的哲学则非不能有。较新的哲学所以可能之理由，可分三点言之。

就第一点说：人之思之能力，虽古今无大异，然各时代之物质的环境，及其所有别方面之知识，则可有改变。如其有改变，则言语亦随之改变。如现在我们所常用之言语中，有许多所谓新名词，新文法。五十年前之人，如死而复生，听我们现在所说的话，当有大半不知所谓。因此，往往有相同，或大致相同的道理，而每时代之哲学家，各以其时代之言语说之，即成为其时代之新的哲学系统。

就第二点说：古今人之环境，及其在别方面之知识，可有不同，则古今人之经验，亦可有广狭之不同。今人之新经验之尚未经哲学分析解释者，一时代之哲学家，可将其分析解释之。其结果或有新见。或即无新见，而一时代新经验之分析与解释，亦即可为一时代之新哲学。

就第三点说：人之思之能力，虽古今若一，而人对于思之能力之训练，则可有进步。逻辑即为训练人之思之能力之主要学问。今人对于逻辑之研究，与古人比，实大有进步。故对于思之训练，今人可谓优于古人，用训练较精的思之能力，则古人所有见不到者，今人可以见到；古人所有观念之不清楚者，今人可使之清楚。

一时代之哲学家，若在此三点，有所贡献，则即有所谓"上继往圣，下开来学"之成绩。

（三）实际与实在或真际

每一平常人，每日皆有许多经验，详言之，即每日皆有许多知识，做许多判断，说许多命题。所谓每日皆有许多知识者，如我今日上午见此桌子，即是一知识，下午又见此桌子，即又是一知识。我今日上午说：这是桌子，即是做一判断，说一命题。下午又说：这是桌子，即又是做一判断，说一命题。此诸知识，判断，命题，乃平常人每日所常有，不过其中所涵蕴之意义如何，则平常人不追问。追问此诸义蕴，即是哲学之开始。

我说哲学开始于追问此诸义蕴，而不说哲学即仅是追问此诸义蕴。若哲学仅是追问此诸义蕴，则哲学即与逻辑无大差别。近来有一部分哲学家虽有此说，但我们并不如此主张。我们所以不如此主张者，因为我们认为我们平日所有的知识，不是空的。所谓不是空的者，即我们之知识，有其对象，有其所知。这是可以用实用主义的方法证明的。我们的知识，及由此而起的判断，命题，皆系关于其所知者。例如我们说："这是方的。""这"是所知，亦即实际的东西。"这是方的"这个命题，表示我们对于"这"有知识，有判断。如果我们说这个命题，说这句话之时，我们并不是随便开玩笑，随便做所谓戏论；如果这句话不是无意义，如果这句话不是可真可假，则这一个命题，这一句话，不是一句空话，是及于实际的东西者，即对于实际的东西，有所肯定。我们日常生活中所作的命题，大都此类。

因"这"之方性，我们可思及凡有方性的东西，即凡属于方之类的东西。我们如对于凡属于方之类的东西做一肯定，例如我们说："凡方的东西皆有四隅。"如果我们说这句话之时，我们是思及所有有事实的存在的方的东西，虽然我们并不知其数目果有若干，则这个命题，这句话，即是及于实际者，即对于实际，有所肯定。科学中之命题，大都此类。

如我们更进而离开一切方的东西，即属于方之类之实际的东西，而只思及方之类或方之理，我们可说："'方'有四隅。"我们可不管事实上果有实际的方的东西存在否。我们可以为，事实上可以无实际的方的东西之存在，但如果事实上有实际的方的东西之存在，它必有四隅。如此，这个命题，这句话，即及于实在者，即对于实在或真际有所肯定。哲学中的命题，大都此类。

关于方之类及方之理，下另详说，今先说："方"可以真而不实。如果事实上无实际的方的东西之存在，"方"即不实。但如果事实上有实际的方的东西之存在，它必有四隅，此可见方是真。如果"方"是真而不实，"方"即是仅实在。

实际的东西涵蕴实际；实际涵蕴实在。此所谓涵蕴，即"如果——则"之关系。有实际的东西必有实际，有实际必有实在；但有实际不必即有某一实际的东西，有仅实在不必即有实际。我们平常日用所有之知识，判断，命题，大部分皆有关于实际的东西。哲学由此开始，由知实际的东西而知实际，由知实际而知实在。及知实在，则可离开实际而对于实在，做形式的肯定。所谓做形式的肯定者，即其所肯定，仅系对于实在，而不是对于实际。换言之，即其肯定是逻辑的，而不是经验的。如上所说"'方'有四隅"，即其例。

我们说"有方"，即对于实在做一形式的肯定。"有方"并不涵蕴"有实际的方的东西"，更不涵蕴"有这实际的方的东西"。故说"有方"，并不对于实际所肯定，即只是一对于实在之形式的肯定。

"有方"又有两种意义，换言之，即"有方"之言，有两所指：一是有方之理，一是有方之类。此层以下再说。现在先说，有人以为，所谓"方"者，不过人用归纳法，自其所见之许多方的东西中，所抽象而得之概念，在实在方面，并无与之相当者。实在即是实际；实际之外，并无实在。

对于此主张，我们说：我们对于此所谓理之知识，可以名曰概念。自知识之得到方面说，我们必须对于方的东西，有若干经验，然后可得方之概念。但既得方之概念之后，则见"方"，即所谓方之理，亦即方之所以为方者，并不只是一概念。比如吾人初学算学时，先数三个桌子，三个椅子，自实际的三，或三之实际的例中，得三之概念。既得三之概念，知三之所以为三者之后，即见三有自可为三者，"三"不只是一概念。"三"是一客观的有。凡可称为有者，即是实在，然若仅有"三"，而无实际的三，则"三"即为仅实在，即真而不实。有实际的三，必实在的三；但有仅实在的三，不必即有实际的三。换言之，有实的三，必有真的三；有真的三，不必有实的三。

"三"如此，其他数目，亦系如此。因其均系客观的有，所以数学中有一定的原理，公式，不能随人意为改动。如数目仅为人之概念，则数学即可随人意编排，而大家所公认之数学，即为不可能。

如问：吾人之思，何以能知仅实在的"三"或"方"？此正如问：吾人之眼，何以能见红色？此二问题，同一不可解答。吾人固可就生理学方面，将吾人之眼之结构，做一研究，以为如此结构，遇某种刺激，吾人即有红色之感觉。但此不过说明吾人有红色感觉时所需要之条件及其所经过之程序,但在此条件之下,经此程序之后,我们何以有红色之感觉,仍未说明。我们只可说:我们有此官能,我们在相当条件之下,可感觉红色。于此我们只可说:我们有能感之官能,对于实际的东西,能有感觉;我们有能思之官能,对于实在中之"理",能有概念。

(四)类及全

上文举"这是方的"一命题以为例,以为哲学开始于追问此等命题所涵蕴之意义。专就"这"说,"这"就是"这",就对于人之知识方面说,它是一个未经分析的混沌,是一个"黑漆一团"。能思之心,将其加以分析,于是发现其有许多性。依其每一性,皆可以"这"为主辞而作一命题,例如这是方的,这是木的,这是桌子等等。

人之所以高于其他动物者,即在于他能分析。其他动物,例如狗,可将一个东西撕成粉碎,但那只是分割而不是分析。分割是把一件东西分成许多部分。分析是把一件东西化为构成它的元素。

分析有二种,一种是逻辑的;一种是物质的。科学之实验室中，对于东西之分析，如将东西分析为原子电子等，是物质的分析。哲学上所说之分析，如将"这"分析为方、黄等性，是逻辑的分析。物质的分析，可于实验室中行之；而逻辑的分析，则只可于思中行之。物质的分析，需将所分析者实际拆开，而逻辑的分析，则不需要将所分析者实际拆开，且亦不能将其实际拆开。依物质的分析所得之元素及观念，是科学的。依逻辑的分析所得之元素及观念，是哲学的。原子电子等，是科学上的元素及观念；方黄等性，是哲学上的元素及观念。

分析之对面，即是总括。总括与普通所谓综合不同。综合是把不同的东西，或不同的观念或道理，合而为一。总括是把相同的东西，即东西之有同性者，作为一类而观之。综合是一种手续；总括是一种看法。

就我们用思之程序说，总括在分析之后。例如有一方的东西，我们将其分析之结果，见其有方性。再将所有有方性的东西，总括思之，即得方的东西之类之观念。我们不知，亦不能知，实际上方的东西，果有多少，但我们之思，可将其一概总括。不过此阶段之思，是及于实际者，此即上所说，我们之思，由分析实际的东西而知实际。

我们之思，再进一步，我们即可由性而知理（性与理之关系，详下）；我们既知理，我们即可知：如有某理，即有某类。因即令某理真而不实,但其是实,是可能的。例如即令无实际的方的东西,但如果有方之理,则实际的方的东西是可能有的。真者不必实,但既有真,即有实之可能。因此我们可思某类或说及某类,而不必肯定某类即有实际的分子;如此,则我们所思,即不是某种实际的东西之类,而是某之类。例如,我们如不肯定实际上果有方的东西,而思及方类,则我们所思,即不是实际的方的东西之类,而是方之类。我们之思,在此阶段,即对于实在有所肯定,而不对于实际有所肯定。我们说:有方之类,即对于实在有形式的肯定,但方之类不必有实际的分子,即不对于实际有所肯定。

每一类所包之实际的分子,如其有之,在任何时之实际的数目,我们不能依逻辑知之。故每类之果有实际的分子存在否,及其实际分子,如其有之,果有多少,非哲学所能知。但诸类之比较的高低,则可依逻辑知之。例如猫与狗之类,果均有实际的分子否,如其有之,其实际的分子孰多,不可依逻辑知之。但动物之类,高于猫狗,则可依逻辑知之。高类所有之实际的分子,如其有之,必不少于其所属之类之实际的分子。此亦可依逻辑知之。

"实在"之类,是一最高亦即分子最多之类,依本文所谓实在之意义。凡可称为有者,皆属之。故实在之类,包括一切。

如用中国文字中所谓"物"字，则"物"之类，亦是一最高亦即分子最多之类。在中国文字中，物不仅指普通所谓东西。老子说："道之为物。"《易·系辞》说："乾，阳物也；坤，阴物也。"道及阴阳均可谓之物。大概凡有"有"之性者，无论其为仅实在或实际，均可称为物。我们虽不知，亦不能知，宇宙间之物究有多少，但可以知物之类是一最高亦即分子最多之类，并可知其必有实际的分子。因其如无实际的分子，则即无有"我"，一切经验，亦均不可能。

对于物，我们有时不从类之观点思之，而从一整个，即所谓全之观点思之。我们把一切物作一整个思之，则即有宇宙之观念。在中国哲学中，有时亦以天地指此观念。如郭象说："天地者，万物之总名也。"（《庄子·逍遥游》注）或为更清楚起见，我们亦常说"天地万物"。大全或惠施所谓大一，亦是指此观念之很好的名词。惠施说："至大无外，谓之大一；至小无内，谓之小一。"（《庄子·天下》）西洋哲学中所谓宇宙，正是"至大无外"的。大一小一是两个纯粹哲学的观念，因为他完全是逻辑的。《庄子·秋水篇》对于此点，有很好的辩论。在《秋水篇》中，河伯问："然则吾大天地而小毫末可乎？"此天地是普通所谓物质的天地。普通以天地为大，毫末为小。这小大是经验中所有的。经验中所有小大，不是绝对的。所以在《秋水篇》中，北海若说："计人之所知，不若其所不知。其生之时，不若未生之时。又何以知毫末之足以定至细之倪，又何以知天地之足以穷至大之域？"近如有人说电子是最小的东西，亦可以受此同样的批评。

严格说起来，大一是不能说的。因为大一是"至大无外"的，然若对之有所说，此有所说即似在其外。所以庄子说："既已为一矣，且得有言乎？既已谓之一矣，且得无言乎？""一与言为二。"二即非一。故对于大一，严格说起来，只可无言。

学哲学须先能分别逻辑的观念及经验的观念。物理学及天文学中所谓宇宙，乃物质的，正如中国哲学中所说物质的天地。此宇宙之观念，是经验的观念；此所说宇宙与哲学中所说宇宙不同。所以物理学及天文学中所说宇宙，可以不是"至大无外"的。而哲学中所说宇宙，则必是"至大无外"的。有的物理学家以为宇宙能扩大。此所说宇宙，如是哲学中所说之宇宙，此命题即是一不通的命题。

以物为一类而思之，与以一切物为一整个而思之，其所思不同。盖以物为一类而思之，其所思只为一切物所公同有之性，而以一切物为一整个而思之，其所思乃一切物及其所有之一切性。此其所以为"至大无外"也。我们不知一切物都是什么及共有若干，又不知其所有之一切性都是什么及共有若干，但我们不妨将其作一整个而思之。

我们以类为对象而思之，或以宇宙为对象而思之，我们可以超乎经验而又不离乎经验，对于实际有所肯定。超乎经验，因为所思之中，可有经验所不及者。不离乎经验，对于实际，有所肯定，因为对于经验所不及者，在实际上，并无所肯定。我们只对于实在，有形式的肯定，而不对于实际，有事实的肯定。故于做此思时，一方面可以说是"智周万物"，"范围天地"，而一方面还是"不离宇中"。

斯宾诺塞①所说上帝，实即此所谓大一大全。以大全为对象而思之，最后并自托于大全，则可有宗教家所有之乐，而无其愚。斯宾诺塞如此说，庄子亦如此说。《大宗师》云："若夫藏天下于天下，而不得所遁，是恒物之大情也。故圣人将游于物之所不得遁而皆存。"天下即大全，游于物之所不得遁，即自托于大全。宗教家自托于上帝，以为上帝永存，故其自己亦永存。然上帝之存在，不可证明，无证明而信之，此所谓宗教家之愚也。此所谓大全之有，无待于证明；其为永有，亦甚易见。盖如谓大全可有不有之时，则必须假定大全之外，另有

---

① 现多译为"斯宾诺莎"。——编者注

别物；然大全还是"至大无外"，则不能有此假定。故自托于大全者，可有宗教家之乐而无其愚。

（五）理及太极

上文谓"有方"之言，有两所指：一指有方之理；一指有方之类。所谓有方之理，即指有方之所以为方者，即有方之所以然之理也。凡方的东西，必皆有其所以为方者，即皆有得于方之所以为方者，皆有得于方之所以然之理也。一方的东西所得之方之理，即其"德"或"性"。性即一具体的东西之所得于理者，亦即理之表现于具体的东西者。凡依某所以然之理而成为某物之某物，即表现某理，即有某性。理之表现于物者为性。故程朱谓"性即理"也。

此所谓理，在西洋哲学中，名为共相、形式或概念。此诸名最易与人以误解，使人误以想象个体者想象形式，以为超乎个体之上，另有一似乎个体者；所以然之理一名词，则无此弊。

就我们得到知识之程序说，我们已知属于每一类之东西皆有同性。如属于方的东西之类之东西，皆有方性。每类东西所同有之性，我们可将其离开其所在之实际的东西而单独思之。

公孙龙所谓离坚白，即将坚或白离其所在之坚白石而单独思之也。此单独为之对象之坚或白，即坚或白之所以为坚或白者，即坚或白之所以然之理也。

我们思及某理或说及某理，亦不过对于实在，做一形式的肯定，而不必对于实际有所肯定。我们说有某理，即对于实在有所肯定。但某理不必有其实际的代表。换言之，即实际上不必有某性之东西。

朱子以为理是实际的东西之所以然之故，及其当然之则。此所谓理，亦是如此。例如方之理，即一切方的东西之所以为方者，即其所以然之故也。方之理又为一切方的东西之标准，即其当然之则也。我们常谓某方的东西较某方的东西更方或更不方，即就此标准说。若无此标准，此等批评，即不能有。

以上系就东西或物说。此所谓物，乃狭义的。如中国哲学中所说事事物物或事物，与事相对之物，非上文所谓最高类之物也。如桌子是一物，桌子动是一事。就事说，每一种（即每一类）事，亦皆有其所以为此种事者。如动之一种事，必有其所以为动者，此即动之所以然之理也。如物理学中说关于动之定义及公律等，皆意欲说明动之理也。不过其所说已非形式的，逻辑的命题，故有错误之可能耳。

物与物之间，事与事之间，有互相交涉之关系。就关系说,每种(即每类)关系,亦皆具有其所以为此种关系者。例如此物在彼物之上,在上乃一关系。在上之关系必有其所以为在上者。其所以为在上,即在上之所以然之理也。又如此事为彼事之因,彼事为此事之果,因果乃一关系。因果之关系,必有其所以为因果者。其所以为因果者,即因果之所以然之理也。

所有之理之全体,我们亦可以之为一整个而思之。此整个即所谓太极。极有标准之义。每一理是一当然之则,即是一极。所有众理之全体,即是所有众极之全体,故曰太极。程朱所谓太极之意义本系如此。不过程朱又以为任何实际的事物,不但具有其类所共有之理,并具有众理之全体。所谓"人人有一太极,物物有一太极"。此则近于神秘。而对于此系统亦非必要。此所谓太极,不是如此。

专就太极观之,则见一切之理,皆全具于其中。所谓"冲漠无朕,而万象森然"也。所谓"冲漠无朕,而天地万物之理,已悉具于其中矣"。

(六)气

我们说及一件东西之所以然之理时,我们只说及此物之所以是此物。例如我们说及方的东西之所以然之理时,我们只说方的物之所以是方，而未说及何以有此方的物之存在。上文说太极是"冲漠无朕"，即因我们说及太极时，我们只说及理，未说及有实际存在之物也。凡有实际存在之物，皆有其两方面，即其"是什么"，及其所依以存在，即所依以成为实际的"是什么"者。例如一圆的东西，一方面是圆，一方面又有其所依以存在，即所依以成为实际的圆者。其"是什么"，即此物之要素即性；其所依以存在，即此物存之基础。其"是什么"靠理；其所依以存在，即实现其理之"料"。

宇宙中所有的东西，虽各不相同，然依逻辑分析之，则见其皆有此两方面。所谓料，有绝对相对之分。相对的料，即仍有上述之两方面者；绝对的料，即只有上述之一方面，即只可为料者。例如一房屋，有依房屋之理之结构；此即其要素，亦即其房屋性。又有其所依以存在之基础，即其料，如砖瓦等。然砖瓦虽对于房屋为料，而其本身仍有上述之两方面。砖及瓦有砖性及瓦性；又有其料，如泥土等。故砖瓦虽对于房屋为料，然只是相对的料，而非绝对的料。如自实际的东西中，将其所有之性，悉行抽去，所余者即绝对的料。例如自房屋中将其房屋性抽去，则此房屋，即不成其为房屋，只余砖瓦等。复自砖瓦中将其砖瓦性抽去，则此砖瓦即不成其为砖瓦，只余泥土等。自泥土中复可抽去其泥土性。如此逐层抽去，抽至无可再抽，即得绝对的料矣。

绝对的料，柏拉图、亚里士多德谓之"买特"。此买特并非科学中及普通唯物论中所谓买特。彼所谓买特即物质，此所谓买特，则并非物质。若欲得此所谓买特，则尚须自物质中抽去其物质性。故此所谓买特，本身无性。不但无性，并且无性性。因无性性亦系一性，故亦须抽去。因其无一切性，故不可名状，不可言说，不可思议。科学及普通唯物论中所谓买特，有物质性，仍是可名状，可思议者，故非绝对的料也。彼所谓买特，乃一科学的观念。此所谓买特，即绝对的料，乃一逻辑的、哲学的观念。

此绝对的料，在中国哲学中，名曰气。不过在中国哲学中，程朱虽以气与理对，然其对于气之见解，尚未有尽合处。如程朱常说及清气浊气，是其所谓气，尚未抽尽一切性。未抽尽一切性，故可以清浊言，故尚不是绝对的料。程朱于此，可谓尚有一间未达。

或有谓：实际的东西，即诸性所合成。若自其中抽去一切性，则即成为无有，不需有绝对的料之假定。然若不为绝对的料之假定，则无以说明何以实际的东西之能成为实际。盖诸所以然之理，若无表现之者，则不能有实际的存在，朱子谓："理无气则无挂搭处"，即谓此。

（七）形上与形下

西洋哲学中，说所谓具体与抽象之分。上所谓仅实在之理，是抽象的；所谓实际及实际的东西，是具体的。抽象者是思之对象；具体者是感之对象。例如白是思之对象，是抽象的。这个白东西，是感之对象，是具体的。不过抽象者虽是思之对象，而思之对象，不一定是抽象者。如上所说之某类东西之类及全，虽非抽象的而亦只为思之对象。具体者是感之对象，不过此所谓感，不只限于耳目之官之感。例如某人之心或精神，虽不为其本人或他人之耳目之官之对象，而亦是具体的。

具体与抽象之分，在中国哲学中，谓之形上形下之分。此二名词虽来源于《易·系辞》，但在《易·系辞》中，此二名词，不必即有上述的意义。上述的意义至程朱始确定。

此所谓形上，并非西洋哲学中所谓Metaphysical之意义。有为Metaphysical而并非形上者。如柏格森所讲之"生力"，虽为Metaphysical而非形上者。"生力"乃一能活动变化者，故是形下的。再须注意者，即此所谓形上形下之分，纯是逻辑的，并非价值的。即属于形下者，其价值亦并不因其为形下而低。如宗教中所说之上帝能创造作为。此上帝，如其有之，亦是形下的。

就我们之知识方面言,我们之知形而上者,必始于知形而下者。我们的知识,始于感觉。感觉之所得,皆是形而下者。及我们对于感觉之所得,能加以理智的分析,则即可知形而上矣。

就实在之本然言,形而上者之有,不待形而下者;惟形而上者之实现,则有待于形而下者。例如"圆"或圆之所以然之理之有,不待于形而下者,而其实现,即在实际上有一事实的圆,则必待有形而下者。如一粉笔画的圆,必待粉笔所画之线。此形而上的圆与事实的圆,关系如何?昔人于此,颇多争论。柏拉图于此点,至表示不能解决。此困难之处,多由于误以想象具体的圆者,想象形上之圆。如此,则形上之圆,亦似为一具体的圆,不过为其中之最完全者。于是遂发生此圆之一,何以能遍在众圆之多。但此所谓形上之圆,不过圆之所以为圆者,即圆之所以然之理。凡具体的东西,合乎此理者,或有合乎此理者,即成为事实的圆。若知此,则所谓形上之圆,与事实之圆之关系,自易说明而无困难。

理是形而上者;气是形而下者。气之实现理者,即成为具体的,实际的东西。此在中国哲学中谓之器。在中国哲学中,相当于形上与形下之分,又有未发与已发,微与显,体与用之分别。就我们得知识之程序言，我们先感觉具体的东西；我们将感觉所得，加以理智地分析，然后知性，知理。但就实在之本然言，则必有理始可有性；有性始可有实际的东西。如必有方之理，始可有方之性；有方之性，始可有方的东西。所以方之理为体，而表现方之理之实际的方的东西为用。理是实在，而不是实际，故为微，为未发。实际的东西，为表现理者，故为显，为已发。然所谓某理者，即是某种实际的东西之所以为某种东西者，而某种东西亦即所以表现某理者。就此点以说理与事物之关系，即程朱所谓"体用一源，显微无间"。若柏拉图所说概念与事物之关系，即是体用两橛，显微有间矣。

（八）余论

上所述的哲学，可以说是哲学中之最哲学的。因其所有之观念，及所有之命题，均系形式的逻辑的，至少大部系如此。我们之能得到其中之观念及命题，虽由于经验，但我们既已得到其中之观念及命题之后，即见其并不另需经验以为证明。其所以如此者，因此哲学对于实际并无所主张，无所肯定，或最少主张，最少肯定，不过使我们对于实在有一番理智的了解而已。

为说明此点，今举普通所谓唯心论及唯物论以与此哲学比较。普通所谓唯心论或唯物论以心或物为宇宙万物中之最根本的，一切皆可归纳于心或物。如其所谓心或物仍是此二字普通所有之意义，则即为对于实际有所主张，有所肯定。因其如此，所以唯心论或唯物论，皆须举经验中许多事例以证明其所立之命题；即其对于实际所主张所肯定。因实际之范围，甚为广大，故无论举若干事例，其证明皆终不能谓为已足。对于实际有所主张，有所肯定者如此。若本篇所述之哲学，虽亦有所说，如说：一切事物之成，均靠理与气，但此命题并不需举许多经验中的事例，以为证明。对于不了解此命题者，固须举一二经验中的事例，以为解释，但既经解释之后，了解此命题者，即见其并不需要经验中许多事例，以为证明。其所以如此者，因此所举之命题，是形式的逻辑的。了解此命题者，不待经验中许多事例以为证明，即见其为一切事物所不能逃。因其为形式的逻辑的，其中并无实际的内容，故对于实际并无所主张，无所肯定，或最少主张，最少肯定。

因此，哲学中所有之观念，所有之命题，均系形式的逻辑的，其中并无实际的内容，故不能有与科学中所有命题同样之实用的效力。科学中所有命题，我们可用之以统治自然，统治实际，而哲学中所有之命题，尤其此哲学中所有之命题，则无此用；因其对于实际并无主张，并无肯定，或最少主张，最少肯定。但此哲学虽无统治自然之实用，而能使我们对于实在，有理智的了解。若此亦为有用，则此哲学之用，即在于此。

此哲学并不以科学为根据。此哲学之出发点，乃我们日常之经验，并非科学之理论。因此，此哲学亦不随科学中理论之改变而失其存在之价值。在哲学史中，凡以科学理论为出发点之哲学，皆不久即失其存在之价值。如亚里士多德，如海格尔，如朱熹，其哲学中自然哲学之部分，现皆只有历史的兴趣，独其形上学则永久有其存在之价值。其所以如此者，盖其形上学不以当时之科学之理论为根据，故亦不受科学理论变动之影响也。

所以此哲学在哲学史中常居正统的地位。柏拉图、亚里士多德、朱熹之哲学，皆为属于此哲学之派别。康德之哲学，亦可谓为属此派别。不过康德以知识论讲形上学，以式属之主观，以料属之客观耳。

（原载《哲学评论》第七卷第三期，1937年3月）

从中国哲学会说到哲学的用处

中国哲学会自今天起,至26日止,在首都开第三届年会。此会为中国研究哲学的人所组织的全国的团体。有北平、南京、广州三个分会。出有《哲学评论》季刊,现已至七卷二期,由上海开明书店发行。我现在愿借哲学会开会的这个日子,说一点哲学的用处,以引起大家对于哲学的兴趣及注意。

我现在所要说的,是哲学在政治及社会方面的用处。因为这些用处是直接的,显而易见的。现在全国之中,上自当局,下至青年学生,都喜欢这一类的用处。至于哲学,同别的学问一样,还有些无用之用,我现在暂不说。

中国哲学会第一届年会,于二十四年[①]四月,在北平开会

[①] 即民国二十四年,1935年。——编者注

时，《大公报》记者曾叫我写了一点感想。在那篇短文里，我说："我们现在所处的世界，在表面上看起来，似乎很不注重哲学，但在骨子里，我们这个世界是极重视哲学的。走遍世界，在大多数国家里，都有他所提倡及禁止的哲学。在这一点我们可见现在的人是如何感觉到哲学的力量。每一种政治社会制度，都需要一种理论上的根据。必须有了理论上的根据，那一种政治社会组织，才能'名正言顺'。在历史上看起来，每一种社会，都有他思想上的'太祖高皇帝'。例如中国秦汉以后的孔子，西洋中世纪的耶稣，近世的卢梭等等，都是一种社会制度的理论上的靠山，一种社会中的思想上的'太祖高皇帝'。现在不仅只是各民族竞争生存的世界，而且又是各种社会制度竞争生存的世界，所以大家皆感觉到社会制度之理论的根据之重要。"二年过去了，我所说的情形，依然未变。世界有许多的国家，都要立一种哲学，以为"道统"，以"正人心，息邪说，距诐行，放淫辞"。我们在哪一种社会里，我们即在哪一种"道统"里，不过我们如同呼吸空气一样，久而不觉其有罢了。

说到这里，哲学的用处未免太大了。我再说一点哲学的小用处。

近来有人说哲学并不是求真理的。哲学所做的事情，是把科学或常识中的命题的意义，分析清楚。我们暂不管这种说法是不是可以概括哲学全部，我们可以说至少这是一部分的哲学的用处之一。现在政治上、社会上，有许多大家所争论的问题，大家所喊的口号。我们若用逻辑把这些问题或口号加以分析，有些问题，即不成问题，有些口号，即不成口号。

譬如近来有"争取救国自由"的口号。"救国自由"这个名词，实在是含混得很。他至少有三种意义。第一种是，愿意救国即救国，救国的工作不受限制。第二种是，愿意怎样救国即怎样救国，救国的方法不受限制。第三种是，愿意救国即救国，愿意不救国或不愿意救国即不救国，个人的行为不受强迫。照第一种的意义，救国自由，一定可以有。照第三种意义，救国自由，一定不可以有。照第二种的意义，救国自由可以有，亦不可以有：可以有，如果所用的许多方法，不是冲突的；不可以有，如果所用的许多方法，是冲突的。争取救国自由的人，所争取的，是哪一种意义的救国自由，限制救国自由的人，所限制的是哪一种意义的救国自由；若说清楚了，可以省去许多无谓的纠纷。

又譬如近来有人说，求学问是不能救国的，因为有许多人求了多年的学，到现在国家还是不得了。为此说者，实由于不明白普通逻辑中所谓必要与充足之分。一件事情的成功，要靠许多条件。有些条件，是必要而不充足。有些条件，是充足而不必要。有些条件是必要而又充足。必要而不充足的条件，是"有之不必然，无之必不然"。例如人若只吃饭不必即能活，但不吃饭一定不能活。充足而不必要的条件，是"有之必然，无之不必不然"。例如人得伤寒病必发热，但不得伤寒病，不一定不发热；他得了疟疾，一样可以发热。充足而又必要的条件，是"有之必然，无之必不然"。例如人的心脏停止活动，则人死。充足而又必要的条件，只最简单的事情有。若救国这种千头万绪的事情，其成功，不知要靠多少条件，每个条件都是必要而不充足。有之不必能救国，但是无之必不能救国。求学问对于救国的关系，是这样一个关系。练兵、修路、训练民众，等等，对于救国，都是这样一个关系。如说只靠求学问不能救国，所以学问可以不要，即如说只靠吃饭不能叫人活，所以可以不吃饭。现在的人多想做一种事，只靠此一种事即可救国。这种事不但现在没有，将来也没有，而且更没有。因为社会越进化，即分工越细，每件事对于社会，都是必要而不充足。这固然是常识，但用逻辑讲起来，更见得清楚。

又譬如近来关于所谓文化问题之争论，也可以用逻辑来解围。有"中国本位文化"一个名词；这个名词本身即可有两种意义。第一种意义，是以中国为本位的文化。第二种意义，是以中国旧有文化为本位的文化。照第一种意义，中国本位文化，可以说没有人不赞成。凡是主张建设中国新文化的，无论哪一派，没有不自以为是为中国的利益的，即没有不自以为是以中国为本位的。若照第二个意义，即有争论了。有主张所谓全盘西化及主张所谓部分西化者，与之争论。其实这些争论若由逻辑看，大部分是很容易解决的。逻辑上有所谓个体与类型之分。一个个体，可代表许多类型，例如孔子可代表许多类型，如春秋时人、山东人、活过七十岁的人、圣人，等等。这个个体学那个个体，实在所学者，是他所代表的某一类型，或某几类型。例如有些人要学孔子，实在是想学他所代表之圣人类型。个体是不能学的。所谓西洋是一个体，在文化方面，他代表许多类型。如耶教文化、科学文化、工业文化等。我们说学西洋，实在是学他所代表之某一文化类型或某几文化类型。例如科学文化，或工业文化。至于中国原有文化之不与此冲突者，当然不改。例如朱熹学孔子，朱熹不是山东人，但不是山东人与是圣人并无冲突，朱熹不必改为是山东人。由此观点看去，上述几派关于文化之争论，有些是不必争而自解决的。

哲学的小用处，虽不足以"正人心"，而亦可以"放淫辞"。凡不合乎逻辑的辩论,或自逻辑看,没有意义的辩论,都是淫辞。政治上、社会上,如没有淫辞,则无谓的纠纷,可以减去许多。

二十六年[①]一月

[①] 即民国二十六年,1937年。——编者注

论民族哲学

我们常说,德国哲学、英国哲学等。却很少说,德国化学、英国化学等。假令有人说德国化学、英国化学等,他的意思,大概亦是说德国的化学,英国的化学,而不必是德国底化学,英国底化学。因为化学只有一个,我们不能于其上加上德国底,或英国底等形容词。

但我们说,德国哲学或英国哲学时,我们的意思有时是说,德国底哲学,英国底哲学。我们说德国文学、英国文学等,我们的意思,亦是说德国底文学,英国底文学。对于哲学或文学,德国底或英国底等形容词,是可以加上底。此即是说,哲学或文学可以有民族的分别,而科学则不可以有。有民族哲学或文学,但没有民族科学。如有人说,有民族科学,其意义亦只是如说有民族工业等。我们可以说英国有民族工业,但此不过是说英国民族有工业。此说并不包含英国的工业,有什么特别与众不同之处。

何以有民族文学,这是很容易了解底。文学总是用某言语写出底。某言语有其特殊底文法,所以用某言语写底文学作品,有其特殊底技巧。一个民族的民族文学,总是用它的言语写底。用它的言语写底文学作品,有其特殊底技巧,因之其作品,亦有其特殊底趣味,特殊底妙处。此即此民族的民族文学之所以特异于别底民族的民族文学之处。至于科学的义理,虽亦必以某言语写出。但某言语的特殊文法对于科学的义理,完全是偶然底,不相干底。科学的义理是公共底,是普遍的。所以科学亦是公共底,普遍底。因此不能说有民族科学,如我们说有民族文学然。

有人以为一个民族的哲学思想,亦随其言语的特殊文法而有其特点。照这一派的说法,哲学底思想是受言语支配底。言语必是某民族的言语。某民族的哲学,必受某民族的言语的支配。例如照张东荪先生的说法,西洋人的思想脱不了亚里士多德的名学的支配。亚氏的名学的基础,是建筑在所谓主语与谓语式底句辞上。亚氏所谓"本体",就是由主语与动词引申出来底。在主谓式底句辞上,主语绝对不可缺少。如果缺少了,便不能成为句辞。从在名学上主语的不可缺少,遂一转而变为在思想上"底层"亦是不可缺少底了。在中国言语中,主语不是必要底，主语常在省略之列。因此中国思想不把"本体"当作一个问题。这便是言语左右思想，言语引导思想的一个实例（张东荪《言语思想与文化》，《社会学界》第十卷）。照这种说法，某民族的思想，受某民族的言语的特殊底文法的支配。各民族的言语的文法不同，所以其哲学自然亦不同了。

我们亦以为某民族的哲学之所以为某民族底是与其言语有关，但其有关不是如上文所说者，上文所说底主张，似乎不能说明有些事实。例如在西洋哲学史中，亦有极端反对本体说者，如休谟是其一例。这些人是不懂中文底。如果用主谓式的句辞底言语所支配底思想，必需主张本体说，而西洋言语，又都是用主谓式底句辞底言语（至少英文是如此言语，如张东荪先生所说），何以休谟等亦能反对本体说？如说用此种言语底人亦能反对本体说，则言语支配思想的主张，恐怕即不能成立了。

不过于本文范围内，我们不能详细讨论此主张的是非。即令此主张是不错底，此主张亦不过是说，在事实上哲学是受言语的支配。即令事实是如此，但哲学的目的仍是在于求普遍底，公共的义理。我们批评哲学思想必以此为标准。若离开此标准，则各民族的哲学，将如各民族的言语，皆无对不对之可言。若离开此标准，我们不能说亚里士多德讲"本体"有什么不对，正如我们不能说，用主谓式底句辞底言语有什么不对。我们可以喜欢它或不喜欢它，但不能说它对或不对。如果如此，则哲学的作品，亦将如文学底作品，只有好与不好可说，不能有对与不对可言。

但没有人以为哲学是如此底。哲学中有普遍底公共底义理，至少其目的是在于求如此底义理。这些义理，固亦须用某民族的言语说之。但某民族的言语，对于这些义理完全是偶然底，不相干底。在这一点，哲学与科学是一样底，至少应该是如此。

因此，我们以为言语未必能支配思想，民族哲学之所以为民族底，未必是由于言语支配思想的缘故。即令其是如此，但如此底民族哲学，是哲学的进步的阻碍，正是哲学所要超过底。如果在事实上哲学是受言语的支配，在理想上哲学是要解除如此底支配。

有些人以为哲学中常有派别。而某民族的哲学在派别上常与别底民族的哲学不同。例如有许多人说，英国的哲学，常是经验派，而德国的哲学，则常是理性派。科学中虽亦有派别，但其分别不如此显著。所以只有民族哲学，而无民族科学。

又有些人说，某民族的哲学，在派别上常与别底民族的不同，这亦不是偶然底。一个民族的哲学是一个民族的民族性在理论上底表现。如英国人注重实际，所以其哲学亦注重经验。德国人喜欢高远，所以其哲学亦注重理想。至于美国的工业文化，结晶为实用主义，更可为明证。

这些人的这种主张的是非，我们于本文范围内，亦不能详加讨论。这种主张的性质，恐怕亦不容许有详细底讨论，说某民族的哲学，常是某派别底哲学，不过是一种笼统底说法。事实上无论哪一个民族的哲学，都不只限于一个派别。所谓民族性者，其意义亦是很笼统底。照我们的看法，所谓民族性者，实不过是某民族于某一时所有底习（关于此点底详细讨论，见拙著《新事论》《判性情》篇中），不过此诸点，我们现在俱不讨论。即令民族哲学之所以是民族底，果是由于这些情形，哲学的目的亦是要超过这些情形。如果某民族的哲学，在事实上是某派别底哲学，但并不因此，某民族的哲学家，都应该是某派别底哲学家。我们不能说，如果以前英国哲学是经验派底哲学，则以后英国的哲学家，都应该只讲经验派底哲学；如果以前德国哲学是理性派底哲学，以后德国的哲学家，都应该只讲理性派底哲学。主张有所谓民族性者，必以为，照英国民族的民族性，英国的哲学家，因其是英国人，所以只能讲经验派底哲学。照德国民族的民族性，德国的哲学家，因其是德国人，所以只能讲理性派底哲学。即令此说是不错底，但这亦不过是事实如此。照哲学的目的说，哲学家并不应该如此。如果事实上哲学家受所谓民族性的拘囿，哲学的目的，正是要打破这些拘囿，而求普遍底公共底义理。如果有所谓民族性，哲学家于讲哲学的时候，正要超过之。

我们以为，未必有所谓民族性，民族哲学之所以为民族底，未必是由于有民族性的缘故，即令其是如此，如此底民族哲学亦是哲学的进步的阻碍，亦正是哲学所要超过底。

我们以为民族哲学之所以为民族底，不在乎其内容，而在乎其表面。我们以为民族哲学之所以为民族底，某民族的哲学之所以不仅是某民族的，而且是某民族底，其显然底理由是因为某民族的哲学，是接着某民族的哲学史讲，是用某民族的言语说底。我们可以说，这些分别是表面底、在外底。不过所谓表面底、在外底者，是就哲学说。就民族说，这些分别，就于一民族在精神上底团结，及情感上底满足，有很大底贡献。这些表面能使哲学成为一民族的精神生活的里面。就哲学说，这些分别是表面底，是在外底，是不重要底。但就民族说，这些分别又不是表面底，是在内底，是很重要底。事实上，民族哲学是如此分别底。如此分别底民族哲学，对于哲学的进步，至少是没有妨碍底，因为这些分别，对于哲学，不过是表面底、在外底。但如此分别底民族哲学，对于一民族在精神上底团结及情感上底满足，却是有大贡献底。因为这些表面，能使哲学成为一民族的精神生活的里面。

哲学总是接着哲学史讲底。我们于《新理学》中说，哲学已经有了二千多年的历史，哲学及各派哲学的大体轮廓，及其中底主要道理，均已"布在方策"。此后哲学家之所见，可更完备周密，但不易完全出前人的轮廓。因此以后恐怕不能有全新底哲学，但每一时代皆可有较新底哲学，全新底哲学家（关于此点底详细讨论，见《新理学》绪论）。因为没有全新底哲学，所以我们讲哲学，不能离开哲学史。我们讲科学，可以离开科学史，我们讲一种科学，可以离开一种科学史。但讲哲学则必需从哲学史讲起，学哲学亦必需从哲学史学起。讲哲学都是"接着"哲学史讲底。专就历史方面说，我们可以说，讲任何一种学问，都是"接着"它的历史讲底，即科学亦不能是例外。不过这是专就历史方面说。就某种学问的内容说，则有此学问，我们若专注意于其内容，而不注意于其发展的历史，则可不必从其历史讲起。科学大概都是如此底学问。例如讲物理学者，不必从亚里士多德的物理学讲起。讲天文学者，不必从毕达哥拉斯的天文学讲起。但讲西洋哲学者，则必需从苏格拉底柏拉图的哲学讲起。所以就哲学的内容说，讲哲学是"接着"哲学史讲底。

就理方面说，哲学虽只有一个。但就实际方面说，哲学史可有许多。例如有中国哲学史、西洋哲学史、印度哲学史等。西洋哲学史中，又有英国哲学史、德国哲学史等。说讲哲学是"接着"哲学史讲底，不过是一种泛说。事实上讲哲学不但是"接着"哲学史讲底，而且还是"接着"某一个哲学史讲底。某一个民族的民族哲学是"接着"某一个民族的哲学史讲底。例如德国哲学是接着德国哲学史讲底。英国哲学是"接着"英国哲学史讲底。有了许多哲学史以后，所谓某国哲学者，并不必是某国人讲底，而是接着某国人所有底哲学史讲底。例如玄奘虽是中国人，但他所讲底哲学却是印度哲学。此固不俟论，即禅宗中人，虽是中国人，所讲哲学虽亦有他们所独创者，但其中一部分仍是接着印度哲学史讲底。所以他们的哲学，只能有一部分算是中国哲学。宋儒虽亦受禅宗的影响，但他们的哲学，却是接着中国哲学史讲底，亦是用中国言语说底，所以他们所讲底，虽不必与孔孟同，但是中国哲学。

"接着"哲学史讲哲学，并不是"照着"哲学史讲哲学。照着哲学史讲哲学，所讲只是哲学史而不是哲学，即令有一个哲学家，完全不赞同以前底哲学，即令他所讲底哲学，完全与以前底哲学不同，但他亦不能离开哲学史而讲哲学。他的哲学对于以前底哲学必有批评，必有反对。就他的哲学的发展说，这些批评反对即是他的哲学的开端。就哲学史的继续说，这些批评反对即是他的哲学"接着"哲学史的地方。照上文说，他的哲学不能只接着空泛的哲学史，而必需接着某一民族的哲学史，他的哲学如接着某一民族的哲学史，他的哲学即可以是某一民族的民族哲学。

我们说，"可以是"，因为以上所说，只是，是某一民族的民族哲学的一个条件，此外还有一个条件。某一民族的民族哲学，不但是接着某一民族的哲学史讲底，而且还是用某一民族的言语说底。虽是用某一民族的言语说底，但却不是受某一民族的言语支配底。我们于上文说，我们亦以为某一民族的民族哲学，与某一民族的言语有关。其有关正是如此所说。

用某言语说底，与用某言语翻译底不同，例如中文底佛经，不通梵文，只通中文底人，固然亦可看懂，但这是用中文翻译底，不是用中文说底。不通梵文只通中文底人，固然亦可看佛经，但其所得到者，比能看原文底人所得到者，总要少一点。何以要少一点，究竟少些什么，我们可以翻译底文学作品为例，以说明之。

某一民族的文学必是用某一民族的言语写底，其好处不能完全用别底言语翻译出来。翻译底文学作品，总不及原来作品，其原因固是由于各言语的文法不同，如我们于上文所说者，但此外尚有另一原因。

概念是共同底，如果在各民族的言语中，每一概念皆用一字以指之，则只就这一方面说，完全底翻译是可能底。但这种情形是事实上所没有底。因为如果如此，则每一言语中底字，皆必需非常底多，非人的有限底聪明所能使用。至少是在应用上必是极不方便。因此，事实上，各言语中的字多不仅指一概念，而其所兼指底概念，在各言语中不必相同。此即是说，一言语中的一个字，可以有许多义。此一言语中底某一字，与彼一言语中底某一字，某一义可以相同，而其余义则可以不必相同。一个字有许多义，从逻辑学方面看，是一件很不幸底事，但从文学方面看，却又未始不是一种幸事，文学家用字，虽亦只用其一义，但其余义可以予人以许多情感方面底联想，这些联想能使一文学作品的内容丰富，趣味增加。我们如翻译一文学作品，则在大多数底情形下，每一字只能翻译其一义，而不能及其余义。如不及其余义，则即不能使读者有这些联想。读翻译作品底人，比读原作品底人，所少得者，正是这些余义及联想。所以翻译的工作，无论如何成功，但翻译的文学作品，与原作品比较起来，总不免有点味同嚼蜡。昔人说翻译如嚼饭喂人，正谓此也。

哲学中底概念，亦是公共底，至少大部分是如此，如其不然，则即没有"哲学"。不过各哲学家所用以指这些概念的字或名词，在其所用底言语中，亦有许多余义，这些余义亦能引起人的许多情感上底联想。就哲学说，这些联想，虽不能使一哲学作品的内容加丰，但就用这个言语底人说，这些联想却可予人以一种情感上底满足。所以此一言语中底哲学名词，与彼一言语中底哲学名词，有许多是不易翻译底。例如中国言语中底哲学名词。如"道"、"太极"、"仁"等皆不易译为西洋文。译者只可以音译了之。前人翻译佛经，有许多重要底名词，亦不能翻译，亦只可以音译了之。一个翻译底哲学作品，其中充满了Tao（道），Tai-chi（太极），"三藐三菩提"等字，无论如何，总不免使一般读者有隔靴搔痒之感。

或可说，这些情形乃由于哲学尚未进步到完全底程度所致。哲学亦应该如其他科学然，将所用名词的意义完全确定。所有底哲学家用某名词时，皆只用其一义。名词之能引起人的情感上底联想者，哲学家必须避免使用。如此则哲学始可成为纯理智的产物，而渐进于完全底程度。

于此，我们说：这个哲学家所用底名词，与那个哲学家所用者，其意义虽常有不同，但一个哲学家所用的名词，在其本系统之内，其意义则是确定底。它亦可说是只有一义。我们于上文只是说哲学家所用底有些名词，其余义可引起人的情感上底联想,并不是说一个哲学家所用底名词,在其本系统之内,一时是此一义,一时是彼一义。如其如此,则此系统即不成其为系统,此哲学即不成其为哲学,哲学本是纯理智的产物,不过其中名词亦可能引起人的情感上底联想。至于这一类底名词,哲学家是否必需避免应用,则是一可讨论底问题。

于此我们必须分别,我们的讨论是就哲学说?抑是就哲学对于一般人底影响说?就哲学说,哲学是讲普遍底、公共底义理,至少是求如此底义理。这些义理固须用某言语说之,但某言语对于这些义理,完全是偶然底、不相干底。不过就哲学对于一般人底影响说,用某言语说这些义理,对于这些义理,虽完全是偶然底、不相干底,但对于用某言语底某民族底人,则是很有关系底。因为用某言语底某民族底人,对于某言语中底有些哲学名词,可以有些情感上底联想,由这些联想可以得到许多情感上底满足。所以就哲学说,名词之可以引起人的情感上底联想者,可以不用,或不可以用,但就哲学对于一般人底影响说,这一类底名词,又是可以用,而且又似乎是不能不用底。

说到此,我们即说到哲学对于人生底用处,或其用处之一。对于人生,哲学与科学,都有其用处。科学或一种科学,对于人生的局部有用。哲学则对于人生的全体有用。科学对于人底关系是非人底，而哲学对于人底关系则是人底，至少有时或在有些情形下是如此。哲学能使人对于宇宙人生，有理智底了解，亦能使人，对于宇宙人生，有情感上底满足。哲学中所用底名词，有些能使人有情感上底联想者，在哲学底用处方面，是有其用处底。

有些哲学上底名词，虽亦能使人有情感上的联想，但其联想，不但不能使人得到情感上底满足，而且能使人得到情感上底不满足。例如物质论一名词，有许多人见之，即觉讨厌。近人译物质论为唯物论，尤使有些人见之即觉头痛。它予有些人以印象，以为唯物论以为只有物，除物之外，都无所有，或虽有亦是假底。这并不是物质论所主张者，但物质论一名词可予人以如此底误解，至少予人以如此底情感上底联想。

在哲学史中，纯粹底物质论没有很大底势力。斯宾诺莎的哲学，亦可以说是物质论，但他用上了"上帝"一名词，使人，至少使西洋人，对之有些情感上底联想。这些联想可以予人，至少予西洋人，情感上底满足。所以有些人不但不称之为物质论，而且称之为泛神论。

共产主义底哲学家，又何以极力主张物质论？物质史观是共产主义的理论的根据所必需底，但物质论底形上学，却不是物质史观所必需底。共产主义者主张物质论，其原因不是逻辑底，而是历史底。不是理智底，而是情感底。

西洋文化一部分是耶教文化。在中世纪，西洋人底生活的各方面都受耶教支配，正如现在底蒙古人西藏人的生活的各方面，都受佛教的支配。耶教底教义，是一时西洋人的社会制度的理论底靠山。近世纪以来，西洋经过了许多革命。经过一次革命，耶教的势力即减少了许多。虽减少了许多，但其教义，在许多方面，仍是西洋现行社会制度的理论上底支持者。西洋哲学中底观念论大都是赞成耶教者，至少这些观念论者沿用"上帝"一名词，至少可予人以许多关于耶教教义底情感上底联想。西洋现行社会制度的理论上底支持者，于观念论中无形中得到支持。共产主义以彻底推翻西洋现行制度为目的，所以对于支持耶教或似乎支持耶教底哲学，亦必需加以打击，物质论是反对观念论及耶教者，所以共产主义在哲学上与物质论成立了联合战线。物质论与共产主义成了友军。物质论一名词，可以使共产主义者有许多情感上底联想，这些联想能予他们以一种情感上底满足。

阶级哲学，能予其阶级中底人以情感上底满足，民族哲学能予其民族中底人以情感上底满足。无论在民族方面或阶级方面，公同底情感上底满足，可以引起精神上底团结。哲学所以能予人以这些满足，大部分，至少一部分，是由于哲学中所用底名词，能使人起一种情感上底联想。这些名词在哲学家的系统中，自有其确定底意义，了解此系统底人，并不致有误解，但又可使一般人对之起一种情感上的联想，得一种情感上底满足。由此方面说，这些名词，不但不是不可用，而且又似乎是不能不用底。

接着某民族的哲学史讲底哲学，亦能予某民族以情感上底联想及情感上底满足。因为所谓接着某民族底哲学史讲哲学者，事实上即是接着某民族的以前底大哲学家的哲学讲哲学。某民族的大哲学家，往往是某民族的精神方面底领导者。某民族的人，见了这些领导者的名字，接触了他们的思想，自然有许多情感上底联想，因之而有情感上底满足及精神上底团结。一个哲学家，接着以前底大哲学家的哲学讲哲学，其工作是旧日所谓"上继往圣，下开来学"。这两句话，就哲学说，其意义完全是理智底，但就民族哲学说，其意义不仅是理智底，而且是情感底。

哲学总是要接着某民族的哲学史讲底，总是要用某民族的言语说底。接着某民族的哲学史讲，用某民族的言语说，对于哲学是偶然底，是表面底，但对于某民族的人的情感上底满足，及精神上底团结，却是有大关系底。所以某民族底哲学家，就其是哲学家说，他接着任何哲学史讲，用什么言语说，是没有关系底。但就其是某民族的哲学家说，他必须接着他的民族的哲学史，讲他的哲学，以他的民族的言语，说他的哲学。

某民族的哲学家如此讲底，如此说底哲学，不论其内容是哪个派别底哲学，它是此民族的民族哲学。

但一个哲学家的哲学之成为民族哲学，却又不是随便抓一个道理，而将其硬接在其民族的哲学史上，如随便摘一枝花插在花瓶上，亦不是随便抓来些哲学名词，硬套在他的哲学上，如将一套衣服套在一个人的身上。他的哲学虽可与某民族的哲学史中底哲学完全不合，它所用底名词的意义，虽可与以前底人所予此名词者不尽相同，但其不合及不同之间，却须有一种自然底演变。这些地方对于哲学说，亦是表面底，但对于这个哲学家的哲学之成为民族哲学说，却又不是表面底。由此方面，我们可以说，一个民族的新民族哲学，是从他的旧民族哲学"生"出来底。

二十六年

儒家哲学之精神

中国的儒家，并不注重为知识而求知识，主要的在求理想的生活。求理想生活，是中国哲学的主流，也是儒家哲学精神所在。

理想生活是怎样？《中庸》说："极高明而道中庸。"正可借为理想生活之说明。儒家哲学所求之理想生活，是超越一般人的日常生活，而又即在一般人的日常生活之中。超越一般人的日常生活，是极高明之意；而即在一般人的日常生活之中，乃是中庸之道。所以这种理想生活，对于一般人的日常生活，可以说是"不即不离"，用现代的话说，最理想的生活，亦是最现实的生活。

理想和现实本来是相对立的。超越日常生活，和即在一般人日常生活之中，也是对立的。在中国旧时哲学中，有动静的对立，内外的对立，本末的对立，出世入世的对立，体用的对立。这些对立，简言之，就是高明与中庸的对立。儒家所要求的理想生活，即在统一这种对立。极高明而道中庸，中间的"而"字，正是统一的表示。但如何使极高明和中庸统一起来，是中国哲学自古至今所要解决的问题。此问题得到解决，便是中国哲学的贡献。

极高明而道中庸，所谓极高明是就人的境界说，道中庸是就人的行为说。境界是什么？这里首先要提出一个问题：人和禽兽不同的地方何在？孟子说："人之所以异于禽兽者几希！"不同者只一点点。照生物学讲，人也是动物之一。人要饮食，禽兽也要饮食；人要睡觉，禽兽也要睡觉，并无不同之处。有人以为人是有社会组织的，禽兽没有，这是人兽分别所在。可是仔细一想，并不尽然。人固有社会组织，而蜜蜂蚂蚁也是有组织的，也许比人的组织还要严密。所以有无组织，也不是人兽不同之点。然而人与禽兽所异之几希何在？照我的意思，是在有觉解与否。禽兽和人是同样有活动，而禽兽并不了解其活动的作用，毫无自觉。人不然，人能了解其活动的作用，并有自觉。再明显一点说：狗要吃饭，人也要吃饭，但是狗吃饭未必了解其作用，不知道这是什么一回事，无非看见有东西去吃。人不同，能了解吃饭的作用，也能自觉其需要。又如蚂蚁也能出兵打仗，可是蚂蚁不明白打仗之所以然，它之所以出兵打仗者，不过出于本能罢了。而人不然，出兵打仗，能知道其作用，有了解也有自觉。这是人与禽兽不同之点。

自觉和了解，简言可称之为觉解。人有了觉解，就显出与禽兽之不同。事物对于人才有了意义。觉解有高低之分，故意义亦有多少之别。意义生于觉解。举例以明之：比如现在这里演讲，禽兽听了，便不知所以，演讲于它毫无意义。未受教育的人听了，虽然他了解比禽兽为多，知道有人在演讲，但也不知道所讲的是什么，演讲于他是没有什么意义的。假使受过教育的人听了，知道是演讲哲学，就由了解生出了意义。又以各人所受教育有不同，其觉解也有分别，如两人游山，学地质者，必鉴别此山是火成岩抑水成岩，学历史者，必注意其有无古迹名胜，两人同玩一山，因觉解不同，其所生意义也就两样了。

宇宙和人生，有不同的觉解者，其所觉解之宇宙则一也；因人的觉解不同，意义则各有异。这种不同的意义，构成了各人的境界。所以每人境界也是不相同的。这种说法，是介乎常识与佛法之间。佛家说：各人都有自己的世界，"如众灯明，各遍似一"。一室之中有很多的灯，各有其所发的光，不过因其各遍于室中，所以似乎只有一个光。但以常识言，此世界似无什么分别，各个人都在一个世界内。各人的境界虽然不同，但也可以分为四类：

（一）自然境界。在此境界中的人，其行为是顺才或顺习的，所谓："行乎其所不得不行，止乎其所不得不止。"并不了解其意义与目的，无非凭他的天资，认为要这样做，就这样做了。如入经济系的学生，他是因为对经济有兴趣，但并不知道读了经济有什么好处，这是由于顺才。再如入经济系的学生，亦有因为入经济系人多即加入的，原无兴趣关系，更不明白益处所在，看见大家去也就去了，这是由于顺习。《诗经》的诗是当时民间歌谣，作者未必知其价值如何，只凭其天才而为之，也是由于顺才。日出而作，日入而息的人，不知作息之所以，也是由于顺习。他如天真烂漫的小孩，一无所知，亦属自然境界。高度工业化的人，只知道到时上工退工，拿薪水，也可以说是自然境界的。自然境界的人，所做的事，价值也有高低。而他对于价值，并不了解，顺其天资与习惯，浑浑噩噩为之而已。

（二）功利境界。在功利境界中的人，其行为是为利的。图谋功利的人，对于行为和目的，非常清楚，他的行为、他的目的都是为利，利之所在，尽力为之，和自然境界的人决然不同，其行为如为增加自己的财产，或是提高个人的地位，皆是为利。为利的人都属功利境界。

（三）道德境界。在道德境界中的人，其行为是为义的。

义利之辨，为中国哲学家重要之论。孔子说："君子喻于义，小人喻于利。"孟子说："鸡鸣而起，孳孳为善者，舜之徒也。鸡鸣而起，孳孳为利者，跖之徒也。欲知舜与跖之分，无他，利与善之间也。"这个分际，也就是功利境界与道德境界的区别。有人对于义利的分别，每有误解，以为行义者不能讲利，讲利的不能行义。如修铁路、办工厂都是为利，儒家必以为这种事都是不义的。有人以为孔孟之道，亦有矛盾之处，孔子既说"君子喻于义，小人喻于利"，则孔子就不应该讲利。但是"子适卫，冉有仆。子曰：庶矣哉。冉有曰：既庶矣，又何加焉？曰：富之。"这不是讲利吗？孟子见了梁惠王，"王曰：叟不远千里而来，亦将有以利吾国乎？孟子对曰：王何必曰利？亦有仁义而已矣"。足见孟子是重仁义的，但是他贡献梁惠王的经济计划却说："不违农时，谷不可胜食也；数罟不入洿池，鱼鳖不可胜食也；斧斤以时入山林，材木不可胜用也。谷与鱼鳖不可胜食，材木不可胜用，是使民养生丧死无憾也。养生丧死无憾，王道之始也。"这都是讲利的，和仁义是否有矛盾呢？不过要知道，利有公私之别，如果为的是私利，自然于仁义有背，要是为的是公利，此利也就是义了。不但与义不相背，并且是相成的。程伊川亦说：义与利的分别，也就是公与私的不同。然则梁惠王所问何以利吾国，这似乎是公利,为什么孟子对曰,何必曰利?殊不知梁惠王之视国,如一般人之视家然,利国即利他自己。这就不是公利了。总之,为己求利的行为,是功利境界。为人求利的行为,是道德境界。

一个人为什么要行义,照儒家说,并没有为什么,如有目的,那就是功利境界了。据儒家说,这种境界里的人,了解人之所以为人,认识人之上还有"全"——社会之全。人不过"全"之一部分,去实行对于"全"之义务,所以要行义。这事要附带说明全体和部分的先后,二者究竟孰先孰后,论者不一。以常识言:自然部分在先,有部分,才有全体。像房子,当然要先有梁柱,架起来才能成为房子。梁柱是部分的,房子是全体的,部分在先,似乎很明显。然而细细研究,并不尽然,假使没有房子,梁也不成其为梁,柱也不成其为柱,只是一个大木材而已。梁之所以为梁,柱之所以为柱,是由于有了房子而显出来的。这样讲来,可以说有全体才有部分,则全体在先,亦不为无理。孔孟亦说人不能离开人伦,意亦全体在先。亚里士多德说:"人是政治动物。"其意是:人必须在政治社会组织中,始能实现人之所以为人,否则不能成为人,无异一堆肉,俗谚所谓行尸走肉而已。正像桌子的腿,离了桌子,不能成为桌腿,不过一个棍子而已。所以个人应该对社会有所贡献,替社会服务。但也有人说:个人和社会是对立的,社会是压迫个人自由的。可是在道德的观点来看，便是错误。如果认为社会压迫个人，主张要把人从社会中解放出来的话，无异说梁为房子所压迫，应予解放；但是解放之后，梁即失了作用，不成其为梁了。

（四）天地境界。在天地境界中的人，其行为是事天的。天即宇宙，要知道，哲学所说的宇宙和科学所说的宇宙不同。科学的宇宙，是物质结构；哲学的宇宙，是"全"的意思。一切东西都包括在内，亦可称之为大全。在这种"全"之外，再没有别的东西了。所以我们不能说我要离开宇宙，也不能问宇宙以外有什么东西，因为这个宇宙是无所不包的。天地境界的人，了解有大全，其一切行为，都是为天地服务；照中国旧时说：在天地境界的人是圣人，在道德境界的人是贤人，在功利自然境界的人，那就是我们这一群了。

境界的高低，即以觉解的多寡为标准。自然境界的人，其觉解比功利境界的人为少。道德境界的人的觉解，又比天地境界的人为少。功利境界的人，知道有个人，道德境界的人，知道有社会，天地境界的人除知道有个人、社会外，还知道有大全。不过他的境界虽高，所做的事还是和一般人一样。在天地境界的人，都是为天地服务，像《中庸》所说："赞天地之化育，可以与天地参矣。"并非有呼风唤雨移山倒海之能。要知我们的一举一动，都是天地之化育。如了解其是天地化育之化育，我们的行动就是赞天地之化育，否则，即为天地所化育了。像禽兽与草木，因为它不了解，所以为天地所化育了。人如没有了解，也是要为天地所化育。圣人固可有特别才能，但也可以做普通人所做的事，因为他有了解，了解很高深，所以所做的事，意义不同，境界也不同。禅宗说："担水砍柴，无非妙道。"如今公务员如果去担水砍柴，意义也就不同。因为他的担水砍柴是为了抗战，并不是为生活，妙道即在日常生活。如欲在日常生活之外另找妙道，那无异骑驴觅驴了。

总而言之，圣贤之所以境界高，并非有奇才异能，即有，亦系另一回事，于境界的高低无干。无非对于一般人的生活有充分的了解。圣人的生活，原也是一般人的日常生活，不过他比一般人对于日常生活的了解为充分。了解有不同，意义也有了分别，因而他的生活超越了一般人的日常生活。

所谓一般人的日常生活，就是在他的社会地位里所应该过的生活。照旧时说法：就是为臣要尽忠，为子要尽孝。照现代的说法：就是每个人要站在自己的岗位上做他应该做的事。圣人也不过做到了这一点。有人这样说：人人每天都做些平常的事，世界上就没有创作发明了。也有人说：中国之所以创作发明少，进步比西洋差，是由于儒家提倡平常生活。其实这个批评是错误的。圣人做的事，就是一般人所做的事，但并没有不准他有创作发明。每个人站在岗位上做其应做之事，此岗位如果应该有创作发明，他就应该去创作发明，我们并没有说一个人在岗位上做事不应该创作发明。

以上所说的四种境界，不是于行为外，独立存在的。在不同境界的人，可以有相同的行为，不过行为虽然相同，而行为对于他们的意义，那就大不相同了。境界不能离开行为的，这并不是逃避现实，因为现实里边应该做的，圣人一定去力行，圣人所以为圣人，不是离了行为光讲境界。不然，不但是错误，而且是笑话。比如父母病了，我以为我有道德境界，不去找医生，这不是笑话吗？要知道德境界是跟行为来的。没有行为，也就没有境界了。人的境界即在行为之中，这个本来如此，极高明而道中庸者，就是对于本来如此有了充分了解，不是索隐行怪，离开了本来，做些奇怪的事。

（徐飘萍笔记整理。原载《中央周刊》第五卷第四十一期，1943年5月）

先秦儒家哲学述评

先秦儒家的代表是孔孟,孔孟对于自然境界及其余境界之区别,认识清楚。《中庸》说:"人莫不饮食也,鲜能知味也。"人没有不吃饭的,但很少能知道味道。这是说人的自然境界。《易》曰:"百姓日用而不知。"也正是这个意思。《论语》说:"民可使由之,不可使知之。"这是和"百姓日用而不知"的意思一样。孟子说:"行之而不著焉,习矣而不察焉,终身由之,而不知其道者众也。"这是自然境界中的人。孔孟看自然境界及其余境界的分别很清楚,所以他们都注重"智"。这个"智"不是普通所谓知识,是"了解"之意。所以"智"与"仁"、"义"、"礼"并称,更见及其重要。如果对于"仁"没有了解,其行为虽合乎"仁",严格说,不算是"仁"。对"义"没有了解,其行为虽合乎"义",严格说,亦不算是"义"。"礼"亦然。必须对它有了解，才是道德行为，才是道德境界。否则，终身由之，不知其道者，只是自然境界了。

儒家对于功利境界及道德境界的分别，认识亦清楚，所以义利之辨，成了儒家的主题。孔子说："君子喻于义，小人喻于利。"这一点在第一讲中已说过。儒家又注重王霸的分别，王道政治虽亦为利，但是为国家民族的利，为的是公利，是义的行为。霸道政治是君王个人的利，为的是私利，故是利的行为。王道与霸道之分，就是道德境界与功利境界之别。

先秦儒家对于自然境界及功利境界和道德境界的分别，认识很清楚，已如上述。但对于道德境界和天地境界的分别，认识不能算十分清楚。因此，引起了道家的批评。老子和庄子，认自己是天地境界，视孔孟不过道德境界。说孔孟简直没有讲到天地境界，这批评未免过甚。孔孟对于道德境界与天地境界的分别，认识不甚清楚则有之，说是没有说到天地境界则非也。由孔子"吾十有五而志于学"一章和孟子"浩然之气"一章，可以知道他们的境界到什么程度。

孔子说："吾十有五而志于学，三十而立，四十而不惑，五十而知天命，六十而耳顺，七十而从心所欲，不逾矩。"十五岁志于学，这不是多念一点书，多识几个字，增加若干知识之意，而是志于学道。何以见得？仍可用孔子的话来证明。

孔子说："朝闻道夕死可矣。"又说："志士于道，而耻恶衣恶食者，未足与议也。"足见他很注意"道"，而志于学必是志于学道，学道的目的，即在提高人的境界。境界分四种，前两种，自然境界和功利境界，不必用工夫的，人都可以自然得到。后两种，道德境界和天地境界，那非用一番工夫是不能得到了。所以普通人只到功利境界，如果要提高，非学道不可。孔子又说："后生可畏，焉知来者之不如今也？四十五十而无闻焉，斯亦不足畏也已。"照普通解释：四十五十还没有成功，那就完事了。我看这种解释不对，这样岂不是孔子讲名利了吗？大概是说到了四十五十岁还没有闻到"道"，那就不行了。有了"道"，就有了"了解"，了解宇宙人生。

"三十而立"，这个"立"字是怎么讲呢？从前有一个人进考，题为"三十而立"，他作一篇八股，破题说："夫当两个十五之年，虽有椅子板凳而不敢坐也。"以为"立"字是站的意思，这个当然是笑话。"立"字何解，也可以从《论语》找到根据。孔子说："立于礼。"又说："不知礼无以立也。"由此可知"立"是就"礼"而言。但也不是磕头作揖之谓，大概照《礼记》的说法很对。《礼记》云："礼所以制中也。"以俗语言：就是做事要恰到好处。《论语》说："克己复礼谓仁。"何谓克己复礼？就要非礼勿视，非礼勿听，非礼勿言，非礼勿动。能如是，才可以"立"。

"四十而不惑"的意义很明显，"不惑"就是有"智"了。"智"即"了解"之意，对于仁义礼有了了解，才算是不惑。孔子三十岁时候的行为，大概都合乎礼。可是未必对于礼有充分了解。到了四十而不惑，当然对于礼有充分了解了。孔子说："可与共学，未可与适道；可与适道，未可与立；可以立，未可与权。"这几段意思，可以和三十而立，四十而不惑相互发明。为什么可以立，未可与权？因为对于礼没有了解的人，不知道礼随时可以变通，所以未可与权。像孟子说男女授受不亲，淳于髡问道：嫂子掉到水里，可以用手去拉她吗？孟子说："嫂溺不援，是豺狼也。男女授受不亲，礼也。嫂溺援之以手者，权也。"所以对于礼没有了解，还未到不惑程度，也就不能有权。孔子四十岁已到不惑程度，对于礼就有了充分了解，其行为就是行义，也就是到了道德境界。

"五十而知天命"，这个境界是由道德境界进步到了天地境界。此所谓命，与世俗所谓命不同。乃是人所遭遇之宇宙间的事变，在人力权限之外，为人所无可奈何者乃是天命。有人把命运和环境混淆不清，常听人说：我要战胜天命，这大概是战胜环境之误，因为天命是人力所无可奈何的，何能战胜？要是人力没有尽到，这不是天命了。孟子所谓"知命者不立于危墙之下"。如果你以为自己的命好，站在危墙之下，不会压死的，结果墙倒终于压死了，这个与天命的命无关，因为人力还没有尽到。知命者，了解人力总有限度，在人力所及之外，余下来的一点才是天命。

"六十而耳顺"，这个耳字很难解，从前大家说："这个耳大概就是我们头上的耳。这样仿佛和境界没有关系了。近来有一个新解释，"耳"大概就是"而已"的急读。像"之于"的急读是"诸"一样。这样讲来，这一句话就是六十而已顺的意思。顺者，是接着上面的天命，五十知天命，六十而顺天命。因为人力之外，无可奈何的一点，只有付诸天命了。这顺天命的时候，当然是乐天之命了。乐天之命故不忧，到了七十岁可以从心所欲，随便一举一动，统统合乎道了。孔子的修养到此是最高点。

不过我们所讲的天地境界，内可以分四个阶段，一是知天，二是事天，三是乐天，四是同天。孔子四十而不惑，达到了道德境界。五十而知天命，达到了天地境界，入于知天阶段。六十而耳顺，入于事天阶段。七十而从心所欲，入于乐天阶段。但是孔子有没有到同天阶段，还不很清楚。

"七十而从心所欲，不逾矩"。也可以看出道德境界和天地境界的不同，在道德境界的人，所做的道德事情，出于有意的选择,并需要一种努力才可以得到。像孟子说:"生我所欲,义我所欲,二者不可得兼,舍生而取义者也。"不但出于选择,而且舍生取义还得要有一种努力。在天地境界的人,所做的事情也是道德事情,不过不必出于选择,也不必需要努力。可以由于自然。不过,这个自然,并非没有自觉而是可以从心所欲。譬如:此地有糖一块,小孩见了想吃,虽也知道糖不是他的,不能吃,但总想去吃。可是成年人见了,知道糖非己有,不能吃就不吃也没有什么。这是成年人的了解程度比小孩为高的关系。再如:功名富贵,如果道德境界中的人觉得这是不应该得的,决不去要的。也是出于有意的选择。天地境界的人觉得不应该要的就不要,并不要什么努力。此所谓从心所欲不逾矩。

孟子的"浩然之气"是什么?为什么他要讲"浩然之气"?因公孙丑问孟子:"夫子加齐之卿相得行道焉,虽由此霸王不异矣。如此,则动心否乎?"孟子答:"否,我四十不动心。"公孙丑说:"若是夫子过孟贲远矣。"孟子答:"是不难,告子先我不动心。"公孙丑又问:"不动心有道乎?"孟子说:"有。"并且告诉他北宫黝孟施舍曾子三人养勇的方法。为什么要讲养勇,盖由此可以得到浩然之气。如果不讲养勇一段,浩然之气,很难得其解。这样看来,可以知道浩然之气就是勇气，明显一点说，就是士气，一鼓作气的气，也就是孟施舍的守气。浩然之气与守气，同为勇气，故性质无甚差别。所异者，浩然之气，是大勇。孟施舍等的勇是就人与人的社会关系说。浩然之气，是就人与宇宙的关系说。可以说：有了孟施舍等勇，可以堂堂地在社会中间做一个人而无所惧。有了浩然之气，可以堂堂地在宇宙中间做一个人而无所惧。所以说，浩然之气至大至刚，以直养而无害，则塞于天地之间。塞于天地之间，无疑是天地境界了。

"浩然之气"是怎样养呢？孟子说："配义与道，无是，馁也"，中间少了一点，就没有勇了。此所谓"道"，和"朝闻道"、"志于道"的道一样，也就是对于宇宙人生的了解。"义"即道德行为。所以浩然之气，一方面要有对于宇宙人生的了解，一方面要力行对于宇宙社会所有的义务——道德义务。而且要常行此义。故孟子说："是集义所生，非义袭而取之。"于此可知浩然之气，是许多道德行为相集合自然生出来的。这种养气的方法，和曾子的守义有点相似，他怎样守义，所谓"自反而缩，虽千万人吾往矣"。所不同者，曾子的守义，是就一件一件的事而言。孟子的集义，是就一种心理状态一种境界而说。照曾子说，事情来了，看是不是我有理，如果我无理，我必退避三舍，如我有理，那么虽千万人我往矣。

孟子集义的方法，乃是今天做一点道德行为，明天做一点道德行为，集许多道德行为，自然生出的心理状态，就是大勇，也就是浩然之气。再有一点，曾子讲的大勇，还是就人与人的关系而说，孟子的浩然之气，乃是就人与宇宙的关系而言。所以集义与守义虽有点相似，而成就有高低之不同。一个是道德境界，一个是天地境界。孔子说："知者不惑，仁者不忧，勇者不惧。"不惑不忧不惧，就是不动心。不过孔子此言，是就人与人之间的关系而说。孟子的勇者不惧，则配义与道，比较要高了一点。所以孟子说：能上下与天地同流，这个和"同天"的意思一样了。

有浩然之气的人，精神上可以塞于天地之间，这点还可引用孟子的另一段，以证明道德境界和天地境界的不同。孟子说："居天下之广居，立天下之正位，行天下之大道。得志与民由之，不得志独行其道。富贵不能淫，贫贱不能移，威武不能屈，此之谓大丈夫。"照这段意思，所谓"居天下之广居，立天下之正位，行天下之大道"，不能说不大，"富贵不能淫，贫贱不能移，威武不能屈"，不能说不刚，但不过是道德境界的大和刚。而不是至大至刚。浩然之气，是就人与宇宙的关系说，有浩然之气的人，当然也是"居天下之广居，立天下之正位，行天下之大道。富贵不能淫，贫贱不能移，威武不能屈",可是其意义就不同了。他的精神是塞于天地之间,上下与天地同流。

由上所述,可知先秦儒家亦说到天地境界,道家的批评是错误的。不过其所用得到天地境界的方法,是由于集义。由于实行道德的行为来的,所以他们对于道德境界和天地境界的分际不很清楚。可以说:他们的高明还差了一点,不能算是极高明。

(原载《中央周刊》第五卷第四十三期,1943年6月)

宋明儒家哲学述评

后汉佛教流入中国，道教亦同时兴起，佛教道教都以为要得到高明的境界必须出世出家，要离开家庭而无父，离开社会而无君。这种方法，自然可以得到高明境界，不过就境界言，虽可以说是高明，就行为而言，不能说道中庸。因为他是要离开日常生活，有特别行为，只能算是极高明而不道中庸。于是高明与中庸的对立，至此乃十分显著。本来禅宗人原有统一高明与中庸的对立的意思，禅宗人说："担水砍柴，无非妙道。"这是有道理的，前一讲亦已说到。不过我们可以问：担水砍柴，无非妙道，何以事父事君不是妙道呢？禅宗人对于这一点，还有一间未达。而宋明儒家，认为事父事君也是妙道。宋儒说："扫洒应对，可以尽性至命。"尽性至命，可以得到最高境界。但其行为还是日常生活，这种生活，才是极高明而道中庸。

张横渠的《西铭》——乾称父,坤称母。予兹藐焉,乃混然中处。故天地之塞,吾其体;天地之帅,吾其性。民吾同胞,物吾与也。大君者,吾父母宗子;其大臣,宗子之家相也。尊高年,所以长其长;慈孤弱,所以幼其幼。圣其合德,贤其秀也。凡天下疲癃残疾,茕独鳏寡,皆吾兄弟之颠连而无告者也。"于时保之",子之翼也。"乐且不忧",纯乎孝者也。违曰悖德,害仁曰贼,济恶者不才,其践形惟肖者也。知化则善述其事,穷神则善继其志。不愧屋漏为无忝;存心养性为匪懈。恶旨酒,崇伯子之顾养,育英才,颖封人之锡类。不弛劳而底豫,舜其功也。无所逃而待烹,申生其恭也。体其受而归全者,参乎!勇于从而顺令者,伯奇也。富贵福泽,将厚吾之生也。贫贱忧戚,庸玉汝于成也。存吾顺事,没吾宁也。——为后世人所极推崇,认为孟子以后第一篇大文章。程明道说《西铭》之意,我亦有之,但惟张子厚能书之。朱子对此文,亦极备推崇。可是这篇文章好在什么地方,未见有确切的说明。照我们的说法,他的好处,是在从"事天"的观点以看道德的事,有高于道德的意义。何谓事天?知道个人乃至任何事物都是宇宙的一部分,谓之知天。由此观点,知道对于任何事物的救济,都是替宇宙服务,即谓之事天。从宇宙观点看道德行为,都是事天行为。从事天观点去看道德行为,不仅是道德行为，而且还是替天服务，《西铭》即从宇宙观点来看道德的事，则所有道德的事都是事天行为了。《西铭》说："尊高年，所以长其长；慈孤弱，所以幼其幼。"这个"其"字的意义，是指乾坤——即宇宙。所以高年与孤弱，不仅是社会的高年孤弱，还是宇宙的高年孤弱。由此看来，尊社会的高年孤弱，就是尊宇宙的高年孤弱。全文所用的"其"字，都是一样的意思。又说："知化则善述其事，穷神则善继其志。""化"、"神"也都是宇宙的"化"、"神"，所以穷神知化，不仅是求知，且还是穷宇宙未竟之功，这是《西铭》之高深所在。

"事天"亦可说是"赞化"，即赞天地之化育。能"知天"的人，他所见的一切事物，对于他另有意义。如《论语》说："子在川上，曰：'逝者如斯夫！不舍昼夜。'"宋儒以为孔子于水之流行，见道体之流行。《中庸》引诗："鸢飞于天，鱼跃于渊。"宋儒以为于此可见"化育流行，上下昭著，莫非此理之用"。此说虽未必即《论语》《中庸》之本意，但水之流行，以及鸢飞鱼跃，对于"知天"者都可以另有意义。程明道谓观鸡雏可以观仁，又喜养鱼。张横渠说："明道窗前有茂草覆砌，或劝之芟。曰：'不可，欲常见造物生意。'又置盆池，畜小鱼数尾，时时观之。或问其故，曰：'观万物自得意。'"草之与鱼，人所共见，惟明道见草，则知生意，见鱼则知自得意。此岂流俗之见，可同日而语。那是明道从另一新观点以观事物，所以事物对于他另有意义。

"知天"、"事天"的人，从天地观点看事物，事物对于他另有意义，会有一种特别快乐。有这种快乐，谓之乐天。《论语》曾晳言志一段，朱子注云："曾晳之学，盖有以见夫人欲尽处，天理流行，随处充满，无少欠缺，故其行动从容如此。而言其志，则又不过即其所居之位，乐其日用之常，初无舍己为人之意，而其胸次悠然，直与天地万物，上下同流，各得其所之妙，隐然自见于言外。视三子（子路、冉有、公西华）之规规于事为之末者，其气象不侔矣，故夫子叹息而深许之。"乐天的乐，正是这一种乐。程明道说："周茂叔每令寻孔颜乐处，所乐何事。"又说："如再见周茂叔后，吟风弄月而归，有'吾与点也'之意。"这种吟风弄月之乐，正是孔颜之乐。

朱子说：曾晳有圣人之气象；因其虽超乎事物之外，而实不离乎事物之中。子路、冉有、公西华诸子，是规规于事为之末，没有超乎事物。故比曾晳要低一点。一个人做事和所见的事物，若专就其本身看，都可以说是"事为之末"。"知天"、"事天"的人，所做的事以及所见的物，也是一般人所做的事和所见的物；但是这些事物，对于他却另有意义。因此，对于他都不只是"事为之末"。周茂叔"绿满窗前草木不除"，程明道养鱼观鸡雏，都有圣人气象，就是所谓"虽超乎事物之外，而实不离乎事物之中"。这个即是乐天阶段。

在天地境界中的人最高的造诣，是不但觉解其是大全的一部分，而且自同于大全。天地就是我，我就是天地。庄子说："天地者，万物之所一也。得其所一而同焉，则生死终始，将为昼夜，而莫之能滑，而况得丧祸福之介乎。"得其所一而同焉，即自同于大全，一个人自同于大全，则我与非我的分别，对于他即不存在。孟子说："万物皆备于我，反身而诚，乐莫大焉。"大全是万物的全体，我自同于大全，故万物皆备于我。这种境界，不但是与天地参，而且是与天地一。是天地境界中的人最高的造诣，就是同天阶段。

程明道的《识仁篇》中说："学者须先识仁，仁者浑然与物同体。"浑然与物同体，即与万物没有分别。所以"此道与物无对，大不足以名之"。大全，是不可思议的。如有思议，那就是"与物有对"，而不是大全了。因为与物无对，所以不能问大全之外，尚有何物。也不能说我要离开宇宙。因为宇宙就是大全，是万物浑然一体，无所不包，再也没有别的东西了。圣人自同于大全，他的境界，与宇宙同其广大，也是与物无对的。所以能够"天地之用，皆吾之用"。由《识仁篇》中可以看出明道的境界，已到同天境界。

天地境界的"知天"、"事天"、"乐天"、"同天"四个阶段，宋儒均已讲到，都不必要做特别的事。不过我们对于"天地之用，皆吾之用"一点，可以批评，这点下次再讲。

现在说宋儒的修养方法。要得到高的境界——道德或天地境界，必须有一种修养功夫。不像自然境界或功利境界都可以出于自然得到的。这种功夫，宋儒谓之学，也是孔子的"致于学"之意。程伊川说："涵养须用敬，进学在致知。"一方面"致知"，一方面"用敬"。宋儒的修养方法，可以此包括之。"致知"，亦可谓之求了解，对于宇宙人生的了解。对于宇宙人生有了完全的了解，即是"知天"。对于人生有了完全的了解，即是"知性"。"知天"、"知性"以后，所做的事，对他才有新意义。"知性"所做的事，都有道德意义，亦即道德境界。"知天"所做的事，都有事天的意义，亦即天地境界。故欲求高深的境界，第一步先要"致知"。

什么叫"用敬"？其解释甚多。简单说："敬"即"注意"。为什么要注意？人的心理很复杂，他对于事物、对于宇宙人生有了了解，事物和宇宙人生对他才有了新意义。然而单靠了解得到的新意义，不能常存的。有这种了解，只能在一个时间从社会或宇宙观点去看事物。社会或宇宙对于他所有的新意义，是不能常存的。因为他的心理如起别的念头，或与他发生利害冲突时，心理就马上起变化。所以单靠了解，可以达到一种境界，但不能叫我们常住在这种境界。像有的人为了社会国家的利益，可以说出许多爱国爱民的话，在说时未尝不真如是想。可是一到实行的时候，如和他的利益有了冲突，马上会退回头来了。如孔子说："回也，其心三月不违仁；其余则日月至焉而已矣。"颜回比较能长住于高的境界，其余不过间或有一至而已。所以一面"致知"，一面还要"用敬"。注意已得之了解，使不忘已有之境界。一个人能常注意所得的了解，并本此了解去做事，于是乎所做的事对他有新意义，永远可以有新意义。

"致知"，是叫我们得到高的境界。"用敬"，是叫我们常注意那种境界。此意即孟子所谓"勿忘"。孟子养浩然之气的方法，原是"勿忘"与"勿助"并重。"勿忘"即注意；"勿助"是常注意所得的觉解，并本此觉解去实行，不要着急，不求速效。如果求速效，就有"拔苗助长"之误。宋儒对于修养之道无论程陆王，都不外乎"致知"和"用敬"的方法。据他们说：这种方法，也是师孟子之道。不过，还有小分别，大概程朱派是一面"致知"一面"用敬"。陆王派是先"致知"后"用敬"。时间上虽有先后与并进之分，而俱为"致知"和"用敬"原无二致。

陆王的先"致知"后"用敬"的方法是取法程明道的。程明道的《识仁篇》说："识得此理，以诚敬存之而已。"知道了这个理，然后用敬来存他。陆象山说："先立乎其大者。"这和"识得此理，以诚敬存之"是同一道理。象山又说："宇宙即是吾心，吾心即是宇宙。"又说："宇宙内事，皆己分内事。"王阳明的方法是"致良知"。什么叫"良知"？照王阳明说：人都有本心，这个本心，即天地万物之心，"良知"即本心的表现。见了善就知道是善，见了恶就知道是恶，这样能辨别善恶的即是"良知"。曾有讲良知的人，有一天捉一贼，贼问道：你是讲"良知"的，做贼的人有没有"良知"呢？他说：当然有"良知"的，"良知"是个个人有的。贼又问：我的"良知"在哪里呢？他说：且慢，今天天气很热，你坐，你坐，宽了衣服再谈。贼于是脱衣服了。可是脱了一件，他还要叫他脱一件，一直脱到只有一条最贴身的裤子，他还是叫他脱。贼说：这个不能脱了。于是乎他对贼说：这就是你的"良知"，羞恶之心，即是"良知"。推而广之，是非之心，恻隐之心，都是"良知"。不过"致良知"，也要先求得了解。了解我有良知。先求了解，和"先立乎其大者"是同一意思。

程朱的方法是：一面"致知"，一面"用敬"，同时并进的，程朱的格物，所谓穷事物之理，也是"致知"的意思。朱子说：人心之灵，莫不有知。而天地之万物，莫不有理。我们要穷求理之于极。但理是不能一天可以穷极的。所以要今日格一物，明日格一物。而格物和用敬，又要同时并进；所以，今日格一物，以敬去守之，明日格一物，以敬守之，这种方法，和军事上的步步为营，稳扎稳打是差不多的。

程朱和陆王两派的方法：一个是一面"致知"一面"用敬"，同时并进；一个是先"致知"后"用敬"。此不同也引起了相互的批评。陆王说程朱的方法为"支离"，程朱说陆王的方法为"空疏"。陆王认为今日格一物明日格一物是枝枝节节的，自有"支离"之病。程朱认为"先立乎其大者"不能步步为营，稳扎稳打，不无"空疏"之处。照我们意思，两方的批评，都有道理。陆王主张"先立乎其大者"，但如何去立，并无说明。大概象山注重在"悟"。他和杨慈湖有一段故事，可用为证明的。杨慈湖为富阳主簿，见象山，象山与之谈本心。慈湖说：何以见得人有本心，什么是我的本心？象山背孟子羞恶之心以告。慈湖说：这段我早知道了。再讲下去，又背羞恶之心一段时，刚好有讼事要出去审词，审毕回来，又问象山，什么是我的本心？象山说：像你刚才审判讼事，哪个错，就知哪个错,哪个对,就知哪个对,这就是你的本心,由此可知"先立乎其大者"即是靠"悟"。但是,如果不"悟",便没有办法了,所以说他是"空疏"是对的。程朱主张一面"致知",一面"用敬",然而"用敬"总得要有一个对象,好像说:注意其所已得之了解。否则,正如阳明所说:"譬如烧锅煮饭,锅内不曾渍水下米,而乃专去添柴放火,吾恐火候未及调停,而锅先破裂矣。"所以说他支离,也是对的。但是究竟应该如何?可以既不"空疏"又不"支离",这就是我们所要修正之点。

(徐飘萍笔记整理。原载《中央周刊》第五卷第四十五期,1943年6月)

中国哲学与民主政治

主席、各位先生：

我今天有机会在这里讲演，我觉得是一件很有意义的事情。我所说的很有意义，并不是我在这里讲演有什么特别的价值，而是我能够在此地讲演这件事情有重大的意义。在抗战开始的时候，北平有许多教授，随着抗战军事的变迁退到后方，一步一步退到西南；胜利以后，又回到北平。我今天能在此地讲演，实在是一件有重大意义的事情。

中国在历史上，遇着重大的外侮不能抵挡的时候，往往退到南方去，在历史上给一个专名词，称为"南渡"。第一次是晋代避五胡之乱，迁到南京；第二次是宋代避金元之侵犯，迁到杭州；第三次是明代避满兵之进掠，迁到福州等地。以上几个朝代，都是因为抵抗不过外侮的侵略而南渡的。历史上各朝代的南渡，都是偏安在一隅，以至败亡，没有一代能再回来的。所以历史上有"东晋"、"南宋"、"南明"等时代，而且都是挣扎的余波而已。

我国此次抗战，在开始时，许多败北主义者，都认为又和历史上各朝代的南渡一样。我在离平之前，遇见一位自以为是日本通的人，他说："中国这次抗日，结果一定很坏。"问他将要坏到甚么程度，他说："幸而亡国。"又问他："假如不幸呢？"他说："不幸更要灭种。"他以为这是无可逃避的命运。这次中国的胜利，的确是打破历史上的成例，可以说是"前无古人"。因为我们不希望以后再有南渡的事情，所以不必说是"后无来者"。

今天所讲的题目，各位在报纸上已经看到了，就是"中国哲学与民主政治"。这一个题目包含两个名词——中国哲学是一个名词，民主政治又是一个名词。我们现在先解释这两个名词。

说到中国哲学这个名词，内容非常地广泛，而且其中的派别又非常地多。但在中国哲学上占重要地位的，只有儒道两家，我们现在就以儒家的孔孟，道家的老庄为代表。

再就"民主政治"一名说，近来报章杂志上，对"民主"或"民主政治"谈到的特别多。民主的意义各人所见不同，解释也非常地多。现在因为时间有限，也没工夫讨论它的定义。简单地说，民主包含有平等、自由等概念，它的涵义就是思想自由、言论自由等等。政治的设施，能使人得到自由平等的，就称为"民主政治"。不过这也不是绝对的。比如，有两种以上的政治措施，哪一种越能使人得到平等自由，就是哪一种越比较民主。这是今天所讲的题目简单的解释。

今天所以要讲这个题目的意义，就是要说明中国哲学的思想哪些合于民主政治。许多人以为中国过去是封建社会，中国哲学是封建社会所孕育产生的。由封建社会所产生的思潮，自然是要维护封建社会，而为封建制度理论的根据。这种说法，固然有它的道理，但中国哲学中表现民主思想，而可以为民主政治的根据者，也很不少。这正是今天我们所要讨论的。

一提到中国哲学史上的民主思想，马上就有人联想到孟子"民为贵，社稷次之，君为轻"一类的思想。把人民看得最重，把国君看得甚轻，的确可以为民主政治的依据。不过这种理论即已为人所共知，所常说，我们也不必再加申述了。

此刻说到本题，我们先说在民主政治的社会里，人对于人应当有怎样的了解，和应该持怎样的态度，然后再研究中国哲学中有没有此种理论的根据。我们对于这个问题分为以下几点来说：

第一点，要有"人是人"的观感，而确实知道"人是人"。一说"人是人"这句话时，一定有人觉得无甚意义，而以为是滔滔逻辑，就等于说建国堂是建国堂，并没有新的意义。可是我们不能作这么浅肤的看法。"人是人"这句话，应有以下两种解释：

"人是人"的第一种解释，就是说，人有独立的人格，自由的意志，凡人都是彼此平等，决不能拿任何人作工具。这是讲民主政治应有的常识，也是应持的态度。在中国哲学史上，儒家道家都具有这种见解，孟子说"人皆可以为尧舜"，又说"尧舜与人同耳"。这些话实在含有人人平等的意思。人人都可以为尧舜，尧舜和一般人相同，这是最平等的思想。如在印度，阶级观念极深，而且看得非常严格，便不能说是平等。至于所谓"人人皆可成佛"，和"放下屠刀立地成佛"等名言，乃是中国佛家的话，和印度思想显然不同。在中国传统思想上，人们的能力知识尽管不同；而在道德价值上，倒是人人平等，人人可以为尧舜，自然不能以别人为工具。世界上最不道德之事，就是以别人为工具，而达他自己的目的。德国哲学家康德（Kant）也说："道德就是不能以人为工具。"孟子说："行一不义，杀一不辜，而得天下，皆不为也。"这句话乍看起来，似嫌迂阔，以为执政者杀人不当的时候是常有的。如果说不冤杀一人，未免过于理想。不过事实上杀人尽管有杀错的时候，而在理论上，的确不能枉杀一个人。如以杀人为手段而图达任何目的，那就是罪恶，就是不义。用现在的话说，就是违反民主，那是绝对不应该的。也许有人要说，军官下命令教部下做甚么事情，以至于冒险牺牲，是不是以人为工具呢？这倒不然，因为任何一种社会组织，任何一个团体，都要有组织，有纪律。军官命令部下做事，以至冒险牺牲，都是在法定组织中执行他的任务，并不是以人为工具，而是他的职权应该如此。

"人是人"的第二种解释，是"人不是神"。有神没有神，我们固不必论。但就神的概念说，神是超乎人的，可以没有过失的。人则不然，人不是超人，不是没有错误的，有错误就可以加以批评。也就是说，人可以受批评，但批评只限于批评其错误，而不应涉及其他事情。人人可以批评别人，人人可以接受批评，这是民主社会里应有的风度。孔门中论人，特别重视改过，而不说人能无过。《论语》里边讲改过的地方很多，比如"过则无惮改"，"过而能改"等都是注意改过，孔子最喜欢颜渊，他称赞颜渊，不像现在人夸奖人完全无过，而说他"不贰过"。有不贰过的改过精神，也就很可贵了，每人都可以有错误，都可以受批评；这种能受批评的容忍态度，在实行民主政治的条件上，是很需要的。

第二点，对一切的事物都有多元论的看法。就是说，天下的事事物物都是多方面的，不能执一种见解而概括一切。我们觉得唯甚么论，唯甚么论，都是不对的。比如在抗战时期，有人特别主张武器的重要，人家就称他为"唯武器论者"；又有人特别注意组织，于是也有人称他为"唯组织论者"。说武器重要，或组织重要，都不算错；但如以一件事项概括一切，那就不对了。他们的意思原不算错；但加上一个唯字，一唯就"唯"坏了。没有武器固然不能打仗，但仅有武器，也不一定能够打仗。单靠物资不成，单靠精神也不成。所谓"唯物论"，在英文原为Materialism可译作物质论，原文并无唯字的意思，但译者加上一个唯字，读者望文生义，以为唯物主义者就是吃喝嫖赌，无所不为，终日专在物质享受上过生活。所谓"唯心论"，英文为Idealism，一称观念论，也没有唯字的意思。加以唯字，意义就迥然不同了。如以为唯心者专靠精神生活，甚么都不吃、不喝、不用，那也一样的错。所以人们应该持多元论的看法。道家对于此理，特别注意。用现在的话说，就是特别强调。人如有所不同，最好听其自然发展，各适其适，顺其性情，不必使其整齐划一。比如庄子说："凫胫虽短，续之则忧；鹤胫虽长，断之则悲。"就是，以为鸭的腿短，不够标准，给它接上一点，它就受不了。以为白鹤的腿太长，超过标准，要给它去了一点，它也受不了。道家对此等道理，特别重视，例子也多得不可胜举。

有人以为儒家是主张整齐划一的，实在儒家并不如此。主张整齐划一的是墨家，墨家是主张尚同的，一同而无不同，乃是整齐划一的极则。儒家主张"和而不同"，而且特别强调"和"。和就必须有异，就是有所不同。把各种不同的异调和起来，就叫作"和"。比如做菜，同则只有一味，便觉得索然无味；必须加甜、加酸、加辣等作料，使成一种新的味道。这种味道也不是甜，也不是酸，也不是辣；但是也有甜、有酸、有辣，而这种味道，才可以称为"和"，才能好吃。所以儒家不但不反对异，而且主张必须有异。儒家特别重视音乐，也是这种道理。音乐如果只有单音，便无趣味。如拉单弦，只有杀鸡的声音，使人听了，只有聒耳，并不能引起兴趣，必须丝竹合奏，宫商角徵羽，五音六律，男高音，女高音，调和配合，才能翕如纯如，富有意义。英文称音乐的和谐或合奏曲为Symphony，而且以谐和为音乐起码的标准。儒家讲和，还主张"中和"，中则无过不及。仍以厨师做菜为喻；他用盐、用油、用酱等，都应不太多，不太少，样样恰到好处，才能得到中和，才能适口。如某一种或两种过多或过少，那就不是中和，也就不好吃了。所以儒家讲中和，以为任何一种东西能够存在，就是得到和的条件；否则便不是常态，或致不能继续生存。如人体中，某一部分特别发达，就是病态——如扁桃腺特别发达，就必须把它割去。常言称人有病为"玉体违和"，天地称为"太和"，都是证明和的必要。民主政治就是政治要合乎中和的原则，容万有不同，而和合地发展。

第三点，要有超越感。就是要站在一切不同之上而有超越之观感，切不可站在自己的观点之上而权衡其他的一切。假如一个人没有超越感，则必以为自己是绝对的正确，而别人的见解和自己不合之处，便以为是错误的。从前有一个故事，说有个一向不出门的乡下人，偶尔到一个很远的生地方去，他说的话别人听不懂，别人说的话他也听不懂。他以为别人说的话，格里格拉的不清楚，他自己听不懂是应当的；他自己说的话特别清楚，别人硬以为听不懂，就是故意捣乱，实在不应该，他因此非常地生气。其实他自己的话也许很清楚，人家的话也不见得不清楚，对听不懂的话，就认为不清楚，那正是偏见的错误。在现在大家都是常常出门，且常到很远的地方去，对别处听不懂的话，都视为当然，已无生气的感觉了。各地语言不同，本来是很自然的事情，而在古人的观感，倒并不是这样。孟子称楚人为"南蛮鴃舌之人"；英语称野蛮为Barbarism，本是由希腊语的Barbar变来的，形容一种听不懂的语言为巴巴，深含一种轻鄙之意，所以就变成了野蛮的意思。一个人被自己的狭隘观点所限，便不能有超然之感。《庄子·齐物论》说："有儒墨之是非……此亦一是非，彼亦一是非"，而互相争辩，那是不对的。他主张"得其环中"，"和之以天倪"，对万物不齐，即以不齐齐之；便是超越的观感。有此见解，彼此互忍相让，才能谈到民主政治。

第四点，要有幽默感。幽默一语，是由英文的Humor音译而来的，古语称为"谐"，也称为"谐趣"，幽默感在实行民主政治上也是很必需的。比如别人批评自己，自己不应因为被批评而难过，而愤恨，至多报以批评就可以了，或者"一笑了之"。此等"一笑了之"，就是幽默感。英美人士都富于幽默感，中国同胞也是如此。抗战八年，历时甚久，何以大家能够受得了呢？不得已时也只是一笑了之。战时在昆明，不论教授、学生，或别的人们，都有一条小口袋，装上要带的东西，一遇警报，大家一跑一躲，及至警报解除，大家又说又笑各自回家。这就是一笑了之的态度。如果没有这种精神——幽默感，一遇变化，或许会变成神经病，凭空要添许多痛苦。

不论做任何事情，总是失败的机会多，成功的机会少。因为每做一件事情，都需要许多条件，齐全适合，才能完成，即佛经所谓"众缘和合"。比如我今天在这里讲演，就需要许多条件：假如我不来北平，根本就讲不成，或者临时我生了病，或者是建国堂塌了，我今天都不能在这里讲演。所以凡事成功都不容易，不成功，只好"一笑了之"。如此，就是幽默感。不然的话，不成功就要烦恼发闷，也许会得神经病。如考试不及格、失恋、丢官等都是失败，都可"一笑了之"。过去有些学者，以为古时的圣贤都是终日板起面孔，走四方步，其实并不如他们想象的那样，只有宋以后的学者才是那样的。据我所知，孔子就不然。《论语》载："子之武城，闻弦歌之声。夫子莞尔而笑曰：'割鸡焉用牛刀！'子游曰：'昔者偃也闻诸夫子曰："君子学道则忧人，小人学道则易使也。"'子曰：'偃之言是也，前言戏之尔。'"既能莞尔而笑，就不是整天板着面孔；既然说前言戏之尔，可知孔子也时常作戏言。这一段把孔子的活泼幽默，可以说是描绘入神。由此可以知道，真正的孔子，并不如大成殿里所塑的孔子那么样。

以上四种态度，都是实行民主政治的必要条件，必须大家都具这种见解，抱这种态度，人人尊重此种作风，才能实行真正的民主政治。中国哲学家，实在具有此等见解和态度，对于民主政治的实行，的确是相合的。

（1946年8月4日在北平建国东堂学术讲座上的讲演。原载《新思潮》第一卷第三期，1946年10月）

中国哲学中之民主思想

每提到中国的民主思想,我们常引一句孟子的话:"民为贵,社稷次之,君为轻。"(《孟子·尽心下》)他的意思就是说:国家和君主全是为民设的。

我们还可以引墨家论国家起源的几句话,他说:"古者民始生未有刑政之时,盖其语人异义;是以一人则一义,二人则二义,十人则十义;其人兹众,其所谓义者亦兹众。是以人是其义,以非人之义,故交相非也。是以内者父子兄弟作怨恶,离散不能相和合。天下之百姓,皆以水火毒药相亏害……天下之乱,若禽兽然。夫明乎天下之所以乱者,生于无政长,是故选天下之贤可者,立以为天子。"(《孟子·尚同上》)这里面所说的选贤,就可以说是选举。是谁选举呢?我们回答说:"是人民。"人民选择他们自己的领袖,意思就是:国家是由人民来主持的。

国家不仅是"为民的"和"民治的",它根本是人民的。孟子说:"得乎丘民为天子,得乎天子为诸侯。"(《尽心下》)在中国政治学上,有一句话:"水可以载舟,亦可以覆舟。"这意思是说:人民不仅能支持政府,他们一样地也能破坏它,所以需要他们以正义去支持国家。要判断一个领袖的资格和是否他真正做了一个领袖,全看他是否为民所喜;如果一个领袖不得民心,他就失去了所以能成为领袖的资格,也就不成其为领袖了。孟子说:"贼仁者谓之贼,贼义者谓之残。残贼之人,谓之一夫。闻诛一夫纣矣,未闻弑君也。"(《孟子·梁惠王下》)

现在我们再讨论一下孔子的正名学说。他主张一个人如果事实上是一个帝王的话,必须做帝王应做的事;假如他不能如此,他虽然在名义上还是一个帝王,即在精神上他已不能成为帝王了,他仅仅是一个常人,一个匹夫。

我们还要讨论"王""霸"之分。按孔门的学说有两种政府:一种叫"王",是帝王管理下的政府,是代表一个自由的人民集团。至于一个军事首领管理下的政府,却代表一种压制强迫的组织。"王"的政府是精神的,"霸"的政府是物质的。

孟子说:"以力假仁者霸,霸必有大国,以德行仁者王,王不待大。……以力服人者,非心服也,力不赡也。以德服人

者，中心悦而诚服也。如七十子之服孔子也。"(《孟子·公孙丑上》)

这就是"王""霸"之分。这一点，在中国后来的政治哲学中，常常提到。我们可以说：民主政府，就是一个"王"的政府，因为它就是代表一个自由人民集团。而法西斯或是纳粹政体，就是"霸"的政府，因为它是以"力"来统制一切的。

这几点是研究中国哲学中民主的理想应注意的几点。不过我们还得再进一步地研究，在这篇文里，我们要详细讨论中国哲学中所提到的人生观。这些人生观，实在是民主思想中重要的思想。

首先要提出的是人类的平等。中国哲学中各学派都承认这个理论，他们有的主张一切人在道德上都是一样地好；有的主张一切的人都一样能做道德的人。

孔子对于人性没说多少，在他的传人中，孟子主张人性善，荀子则主张人性恶，他们两人一直站在反对的地位。但是他们却一致承认一切人都可以做完善的人，不管他性善也好，性恶也好。孟子则提出"四端"的说法，他说："恻隐之心，仁之端也。羞恶之心，义之端也。辞让之心，礼之端也。是非之心，智之端也。人之有是四端，犹其有四体也。……凡有四端于我者，知皆扩而充之矣。若火之始然，泉之始达。苟能

充之，足以保四海；苟不充之，不足以事父母。"（《公孙丑上》）

他的意思是说：人人都可以成为尧舜，也就是人人都可以成为圣贤，只要他能努力去发展他已有的四端。

荀子说："人之性恶，其善者伪也。"（《性恶篇》）他还说："涂之人可以为禹，曷谓也？曰：凡禹之所以为禹者，以其为仁义法正也。然而仁义法正，有可知可能之理。然而涂之人也，皆有可以知仁义法正之质，皆有可以能仁义法正之具，然则其可以为禹明矣。"（《性恶篇》）按照荀子的说法：人类全是一样的恶，不过他们都有相等的聪明才力，知道德行，知道修身。所以一切人都一样地能去做完善的人。

所以孟子和荀子都主张人类是平等的，这就是民主思想中的重要核心。

孔门主张人类是一样的能做完善的人；而道家老庄却主张人人根本就都是好人，只要顺着天性去做，就可以了。但如果人人都顺着他自己天性去做去想，很可能各不相同，不过不一样就教他不一样去好了，并不需要非得强迫去教他们一样。道家非难那些制定许多一定标准控制人的政治和社会组织，他们之学说是："顺其自然。"他们反对由政府的管理，他们主张最好的管理的方法是无政府的管理，就是说人人都顺其天性去

做。庄子说:"是故凫胫虽短,续之则忧。鹤胫虽长,断之则悲。故性长非所断,性短非所续。"(《骈拇篇》)

每人都有完全的自由去做他喜欢做的事,去想他喜欢的东西。"想"和"做"当然有不同的途径,但是我们不能说哪一个途径是绝对的对,或者说哪一个途径绝对的错。庄子说:"且吾尝试问乎女:民湿寝则腰疾偏死,鳅然乎哉?木处则惴慄恂惧,猿猴然乎哉?三者孰知正处?民食刍豢,麋鹿食荐,蝍蛆甘带,鸱鸦耆鼠;四者孰知正味?猿,猵狙以为雌;麋与鹿交;鳅与鱼游;毛嫱,丽姬,人之所美也,鱼见之深入,鸟见之高飞,麋鹿见之决骤,四者孰知天下之正色哉?"(《齐物论》)如果说没有一定的标准,那么四者都是天下的正色。这是庄子的说法。于是道家教给人们对于彼此的不同,采取绝对放任的办法,而对强使相同的办法,认为大恶。因为这些全是对的,不需要强不同以使之同。这种见解也是民主的。

但是我们就可能问了:"如果人人都顺他自己所想做的去做,所想想的去想,若彼此间发生了冲突,有什么办法呢?"对于这个问题,道家没谈到。他们拒绝谈这个问题,因为按他们的说法,人人全是好人,这是事实,所以不致发生冲突。可是现在的社会,确有不少人与人间的冲突,但这都是由于法律、规则、组织和政府太多了。换句话说，就是人为的太多了。倘使这些人为的全消灭了，然后人类再得顺其天性去做，天下就得以太平了。

我们没法不说道家对人性的理解太好了，好的不能成为事实，他们太理想了。现在让我们谈谈孔门的意思吧，这一派比较实际一点，但是也并不是没有一点出于理想，他是理想实际并有的。我们要研究的孔派理想，是关于"中"与"和"的方面。

"中"的概念有点类似亚里士多德的"黄金的中和（Golden Mean）"，这个概念时常发生误解，尤其是在现在的中国，有些人以为做事做到一半就叫"中"，这完全是没有意义的见解。真正"中"的意义是也不多，也不少，"中"是"恰到好处"。假如你想到重庆去，到了重庆不再向前走，正好；如果你接着走，走到了万县，你走的就太多了；如果你到了贵阳就停住了，那你走的就太少了。"中"就是恰到好处。宋玉在《登徒子好色赋》里描写一个美人说："增之一分则太长；减之一分则太短。著粉则太白；施朱则太赤。"这个女人的身段和面庞，长得正是恰到好处。不管在个人的行为和社会的关系里，都有这种"中点"存在，这种"中点"，就是满足欲望和表现感觉的一个适当的限度。如果一个人为了满足他的欲望或是表现他的感觉而超过了这个限度，则太过，如果没到这限度，则太少，太过太少，皆不合于中道。

或者有人要问，为什么非要有这些限度呢？我们的回答是：如果没有这限度，就要发生冲突，造成恶结果，影响个人与社会。

人生而有欲，有在心理上的，有在肉体上的。一个精神身体都健全的人，他的欲望一定能满足到适当限度为止。吾人若过度地抑制一个欲望，结果就要发生病态。一个人满足他的欲望，必须要有这一个限度，若超过这个限度，则将有些欲望不能满足，或者须被勉强地抑制下去。如果不及这个限度，他主要的欲望就要受到影响，不管怎么样，总会影响一个人的幸福，所以为了一个人的幸福，一切欲望都应满足到适可而止，这个限度就是"中"。

在社会关系里，如果没有满足欲望的限度，人类之间必将发生冲突。荀子说："礼起于何也？曰：人生而有欲；欲而不得，则不能无求；求而无度量分界，则不能不争。争则乱，乱则穷。"（《礼论篇》）法律、道德的规律和组织等的目的，都是为了决定一个适当限度，这个适当限度就是"中"。

"和"的意思是"不同"的"协和"。在《左传》里有一篇晏子讲演的纪录，他曾说明"和"与"同"的不同。要解释"和",我们可以用做菜来说明,如果你有水、有醋、有咸菜、有盐、有五香料,用来熬鱼,由这些东西里产生出一个新的滋味,亦非咸菜味,这叫"和"。而"同"呢?就好像水与水味一样的,或者是整个一个乐曲全是一个音符,这样就没有"新"的生出来了。在《国语》里,史伯说"夫和实生物,同则不继。以他平他,谓之和,故能丰长而物归之。若以同裨同,尽乃弃矣。"(郑语)

一个"和"的团体,必须在这团体里面的各分子都处在他的适当地位,各分子的欲都满足而彼此间没有冲突。为了如此,这团体中的各分子,必须全按中的原理去做。

一个精神身体都健康的人,就可以称作"和"。我们说话时,每说到一个人病了,我们常常说他"违和",就是这个意思。

一个有秩序的社会,也是一个和的团体,在这社会里,有不同才能有不同职业的人民,都处在他们的适当地位,做着他们的适当工作,人人满足,各不相犯。

一个理想的世界,也是一个和的团体,《中庸》上说:"万物并育而不相害;道并行而不相悖。小德川流,大德敦化。此天地之所以为大也。"

这句话很有道家味,但他是孔家说的话。道家和孔家的分别就是，道家的理想世界，是自然的礼物，人类之所以失去这理想的世界，由于他们的"人为"。孔子以为理想世界是人类精神的成就，人类必须有所成就才能得着。

"万物并育，而不相害"，从事一切事物，而无冲突，叫"太和"。我们可以说"和"是使民主伟大的原因。

在中国哲学中，有这些民主的理想，而按事实来说，中国的哲学太民主了。他们教人以中庸勿过，这完全是为了和平，绝对不是为了战争。一个完全为了和平的哲学，只能在有一个世界联合组织时才有用。中国的政治哲学，实在是为了世界组织而有的哲学，这也就是中国人所谓之"天下"。有许多人以为天下只可以解作中国帝国，按他们说，因为在古时中国人所谓的世界，仅限于中国帝国。这虽然是事实，但是我们不能以任何一个特殊时期的人民所了解的特殊意思，而误解了字义。一个字的意义，在某一个时期不免被当时人民的知识所限，其实真正的字义却不是这样。我们说，因为中国古时人心中的天下，是中国，就把天下解作中国；然古时中国人心中的"人"，仅仅是中国人，现在我们能说"人"字只能代表中国人吗？

去年春天著者在重庆时，听见一句话，说："中国哲学不合于救中国，它却足以救世界而有余。"这实在是一个聪明的见解，虽然这句话不是我说的，但是我绝对信任这句话。中国哲学不适于救中国，因为它是为了世界组织而有的哲学。现在的世界，还没有一个组织够得上这个名称。现在世界仍然是没有秩序的一个世界。虽然没有一个人喜欢战争，可是人人还必须要在为了停止战争而战争。中国的哲学，足以救世界，因为这世界实在需要一个世界组织。

（原载《文华》第二期，1946年11月）

国立西南联合大学纪念碑碑文

中华民国三十四年九月九日，我国家受日本之降于南京。上距二十六年七月七日卢沟桥之变，为时八年；再上距二十年九月十八日沈阳之变，为时十四年；再上距清甲午之役，为时五十一年。举凡五十年间，日本所鲸吞蚕食于我国家者，至是悉备图籍献还。全胜之局，秦汉以来，所未有也。国立北京大学、国立清华大学，原设北平；私立南开大学，原设天津。自沈阳之变，我国家之威权逐渐南移，惟以文化力量，与日本争持于平津，此三校实为其中坚。二十六年，平津失守，三校奉命迁于湖南，合组为国立长沙临时大学，以三校校长蒋梦麟、梅贻琦、张伯苓为常务委员，主持校务，设法、理、工学院于长沙，文学院于南岳，于十一月一日开始上课。迨京沪失守，武汉震动，临时大学又奉命迁云南。师生徒步经贵州，于二十七年四月二十六日抵昆明。旋奉命改名为国立西南联合大学，设理、工学院于昆明，文、法学院于蒙自，于五月四日开始上课。一学期后，文、法学院亦迁昆明。二十七年，增设师范学院。二十九年，设分校于四川叙永，一学年后，并于本校。昆明本为后方名城，自日军入安南、陷缅甸，又成后方（自注："后方"当作"前方"）重镇。联合大学支持其间，先后毕业学生二千余人，从军旅者八百余人。河山既复，日月重光，联合大学之战时使命既成，奉命于三十五年五月四日结束。原有三校，即将返故居，复旧业。缅维八年支持之苦辛，与夫三校合作之协和，可纪念者，盖有四焉。我国家以世界之古国，居东亚之天府，本应绍汉唐之遗烈，作并世之先进。将来建国完成，必于世界历史，居独特之地位。盖并世列强，虽新而不古；希腊、罗马，有古而无今。惟我国家，亘古亘今，亦新亦旧，斯所谓"周虽旧邦，其命维新"[①]者也。旷代之伟业，八年之抗战已开其规模，立其基础。今日之胜利，于我国家有旋乾转坤之功，而联合大学之使命，与抗战相终始。此其可纪念者一也。文人相轻，自古而然，昔人所言，今有同慨。三校有不同之历史，各异之学风，八年之久，合作无间。同无妨异，异不害同；五色交辉，相得益彰；八音合奏，

---

① 语出《诗经·大雅·文王》。

终和且平。此其可纪念者二也。万物并育而不相害，道并行而不相悖，小德川流，大德敦化，此天地之所以为大[①]。斯虽先民之恒言，实为民主之真谛。联合大学以其兼容并包之精神，转移社会一时之风气，内树学术自由之规模，外来"民主堡垒"之称号，违千夫之诺诺，作一士之谔谔。此其可纪念者三也。稽之往史，我民族若不能立足于中原，偏安江表，称曰南渡。南渡之人，未有能北返者：晋人南渡，其例一也；宋人南渡，其例二也；明人南渡，其例三也。"风景不殊"，晋人之深悲[②]；"还我河山"，宋人之虚愿[③]。吾人为第四次之南渡，乃能于不十年间，收恢复之全功。庾信不哀江南[④]，杜甫喜收蓟北[⑤]。此其可纪念者四也。联合大学初定校歌，其辞始叹南

---

① 语出《中庸》。

② "风景不殊"见《世说新语·言语》："过江诸人，每至美日，辄相邀新亭，藉卉饮宴。周侯好坐而叹曰：'风景不殊，正自有山河之异！'皆相视流泪。"

③ "还我河山"是南宋抗金英雄岳飞所题字。

④ 庾信不哀江南：庾信，南北朝文学家。原为萧梁御使中丞，出使北魏时被羁留，梁灭后仕魏，魏灭后又仕周，一直流落在北方。有文集二十一卷。诗文中充满了对故国江南的思念之情。著有《哀江南》赋。

⑤ 杜甫喜收蓟北：安史之乱后，杜甫流落四川，当他听说官军收复河南、河北后，欣喜之情不能自己，遂写下了《闻官军收河南河北》一诗。诗中有"剑外忽传收蓟北，初闻涕泪满衣裳"等句，表达了他对家乡的怀念和急迫的还乡之情。

迁流离之苦辛，中颂师生不屈之壮志，终寄最后胜利之期望。校以今日之成功，历历不爽，若合符契。联合大学之终始，岂非一代之盛事，旷百世而难遇者哉！爰就歌辞，勒为碑铭，铭曰：痛南渡，辞宫阙。驻衡湘，又离别。更长征，经峣嶪①。望中原，遍洒血。抵绝徼，继讲说。诗书丧，犹有舌。尽笳吹，情弥切。千秋耻，终已雪。见仇寇，如烟灭。起朔北，迄南越。视金瓯，已无缺。大一统，无倾折。中兴业，继往烈。维三校，兄弟列。为一体，如胶结。同艰难，共欢悦。联合竟，使命彻。神京复，还燕碣。以此石，象坚节。纪嘉庆，告来哲。

此碑1946年5月4日在西南联大校园揭幕，其复制件1989年5月4日在北京大学校园揭幕

联大纪念碑碑文自识

碑建于昆明西南联合大学旧址，原大饭厅后小土山上。文为余三十年前旧作。以今观之，此文有见识，有感情，有气

---

① 峣嶪：高山峻岭。

势,有辞藻,有音节,寓六朝之俪句于唐宋之古文。余中年为古典文,以此自期,此则其选也。承百代之流,而会乎当今之变,有蕴于中,故情文相生,不能自已。今日重读,感慨系之矣。敝帚自珍,犹过于当日操笔时也。

1976年

在中国传统社会基础的哲学

中国传统社会起源时代远在基督纪元以前,它继续存在,没有根本改变,直至上个世纪①后半叶,才开始崩溃,这是由于通常所说的西方侵略东方,其实是现代社会侵略中世纪社会。现代社会的根本因素是工业化经济。使用机器,使前工业经济发生革命性的变化,前工业经济可以是农业经济,如中国经济;也可以是商业经济,如希腊经济、英国经济。旧经济必须让位于新经济,旧社会结构亦然。看到有人对于历史,甚至对于当代事务,多么极度地无知,这是惊人的。欧洲生活的社会结构已经改变了,并还在经历着改变,这些改变可以称之为工业革命、政治革命和社会革命。但同样的事情一旦发生在亚洲,西方人却倾向于称之为西方侵略东方。

---

① 即20世纪。——编者注

现代工业主义正在破坏传统的中国家族制度，又从而破坏传统的中国社会。人们离开自己的土地到工厂做工，其他在一起的人既非兄弟又非老表。以前他们依附于土地，但现在他们活动多了。以前他们与父兄一起集体耕种他们的土地，所以没有他们可以称作他们自己的产品。现在他们有他们自己的收入，以工资形式在工厂领取。以前他们通常与父母，还可能与祖父母，生活在一起；但现在他们独自生活，或与老婆孩子一起生活。在观念形态上，这在中国被名为"个人从家族解放出来"。

由于社会结构的这种改变，很自然地，曾是传统社会的思想基础的孝道，必将遭到极端猛烈的攻击。这种攻击在中国已经确实发生了。这种攻击在民国初年达到高峰，民国建立于1912年，当时就实际废除了"忠"君的道德原则。如我们即将看出的，"忠"和"孝"，过去是平行的道德原则。孝，曾被视为一切道德的善的根本，现在则被一些批判家视为万恶之源。有一本道教通俗读物上说："万恶淫为首，百善孝为先。"民国初年有一位著作家套用这句话说万恶孝为首，虽然他还没有走得太远以至于说百善淫为先。

近年以来对于孝道和传统家族制度的攻击已经少多了。这个事实的意义，不是说它们失去的影响又大有恢复，而无宁是说它们已经几乎完全丧失其在中国社会中的传统地位。用个中国的说法，它们都是死老虎，打死老虎不算英雄好汉。我记得很清楚，我年轻时，常听人辩论传统家族制度的利弊。但现在它不复成为辩论的问题。人们认识到，他们根本不可能保持它，即使他们想保持也不可能。

对于传统家族制度的攻击，与其性质一致，一直是大有争议的，其结果，有些批判对它亦失于未能持平。举例来说，在许多批判中，主要的一个是说，在传统家族制度中，个人完全丧失其个性。他对家族的义务和责任如此之多，似乎他只是父母之子，祖先之孙，惟独不是他自己。

要回答这个批判，则可以说，个人就其是社会一员而论，必须对社会承担某种责任。承担责任与丧失人格并不是一回事。更何况，成为问题的是：在中国传统社会内，个人对于家族和社会的责任负担，比现代工业社会内个人的责任负担，是不是真正大一些？

工业制度下的社会是在比血缘关系宽广的基础上组织起来的。在这个制度下，个人对家族的责任少了，而对于社会全体的责任则多了。在现代工业社会，个人服从父母的义务少了，而服从政府的义务则多了。他很少义务资助其兄弟和族人；但受很大压力，以所得税和社区福利基金的形式付出，资助社会整体的需要。

在现代工业化的社会，家庭不过是许多社会机构之一。但在传统的中国，家在广义上实际就是社会。在传统的中国，个人对其大家庭的义务和责任，实际上就是个人对其现代意义的家庭的义务和责任再加上对其国家或社会的义务和责任。由于是这两方面的义务和责任的结合，所以个人对于其家的义务和责任就显得沉重了。

在传统的中国社会哲学涉及的范围内，重点在于个人。正是个人，或是父，或是子；或是夫，或是妻。正是由于或成为父，或成为子，或成为夫，或成为妻，个人才使自己加入社会为一员；也正是由于这种加入，人才使自己区别于禽兽。人事父事君，并不丧失人格。相反，只有在事父事君中，他的人格才有最充分的发展。

另一点要注意的是，按照传统的社会理论，广义的家虽可无限扩大，但个人对家的责任并非没有固定极限。在极限之内，责任大小仍有差等。这都表现在所谓"丧服"上。按照这个制度，一个人的父母死了，必须穿丧服三年（实际是二十五个月），称为第一等的丧服。祖父母死了，他要穿丧服一年，称为第二等的丧服。在理论上，一个人的高祖的父母死了就不穿丧服，即使他们长寿见到玄孙的儿子。这说明，一个人作为一家之子的义务有个极限,它只包括他的父母,他的祖父母,他的曾祖父母,和他的高祖父母。

一个人的儿子死了,要穿丧服一年;孙子、曾孙、玄孙,死了,穿丧服的期限越来越短。玄孙的儿子死了,他不穿任何丧服,即使他长寿及见其玄孙之子之死。这说明,他作为一家之父的责任有个极限,它只包括其子、孙、曾孙、玄孙。

一个人的兄弟死了,他要穿丧服一年;他的堂兄弟死了,从兄弟死了,叔伯高祖的玄孙死了,他穿丧服的期限越来越短。这说明,他作为一家之兄弟的责任有个极限,它包括的不超过其高祖的后人。

如此按照传统的社会理论,每个个人是个中心,从这个中心向四方辐射出关系:向上是他与其父及祖先的关系;向下是他与其子及后人的关系;向左向右是他与其兄弟及堂兄弟等等的关系。James Legge的《礼记》译本,有几张图表说明这一点。在这辐射圈内,有着轻重不等的亲情和责任。中心的人视圈外的人为"亲毕",而以朋友关系为基础对待之。

如此按照传统的社会理论,每个个人是一个社会圆的圆心,社会圆由各种社会关系构成。他是一个人,也被当作一个人来对待。不论中国传统社会及其家族制度功过如何,要说其中没有个人人格的地位则是完全错误的。

我提出这些辩论，只是表明，虽然中国传统社会与现代社会根本不同，它也不像某些批判它的人可能设想的那样毫无道理。我说这些，决无意支持它作为今日中国的现行社会制度。为了生存于当今世界，其地位无愧于它的过去，中国必须工业化。一旦有了工业化，就没有传统家族制度和传统社会结构的地位了。但这不意味着我们不要对它们，及其观念基础，试作同情的理解。

关于这些观念，我将试作简短说明。这些观念，皆如群经之所阐明者，亦如传统中国受过教育的人绝大多数之所接受者。

孝的观念

传统的中国社会，在其基础有个中心的哲学观念，就是孝的观念。中文孝字普通译作filial piety，中国传统文献中孝字具有非常广博的意义。在《孝经》（*Classic of Filial Piety*，此书名Ivan Chen译本作*The Book of Filial Piety*）中说"先王有至德要道，以顺天下，民用和睦"。这个至德是孝，这个要道也是孝，孝被认为是"德之本也，教之所由生也"。

在《礼记》中有一段说：

> 身也者，父母之遗体也。行父母之遗体，敢不敬乎？居处不庄，非孝也。事君不忠，非孝也。莅官不敬，非孝也。朋友不信，非孝也。战阵无勇，非孝也。五者不遂，灾及于亲，敢不敬乎？……众之本教曰孝。……仁者，仁此者也；礼者，履此者也；义者，宜此者也；信者，信此者也；强者，强此者也。乐自顺此生；刑自反此作。……夫孝，置之而塞乎天地，溥之而横乎四海，施诸后世而无朝夕，推而放诸东海而准，推而放诸西海而准，推而放诸南海而准，推而放诸北海而准。（《祭义》）

这段话被认为是曾子所说，曾子是孔子的大弟子之一。《孝经》也是曾子与孔子的对话组成的，所以也被认为是曾子或其弟子所作。我们现在的目的不是为这些书辨伪。这里只说一点就够了，就是在公元前三世纪，孝为诸德之本的理论已经流行。《吕氏春秋》是这个世纪的杂家著作，其第十四卷《孝行》云："夫执一术而百善至、百邪去、天下从者，其惟孝也。"后世所有的社会哲学家和道德哲学家都同意这句话。甚至中国历史上以后各朝的皇帝，也常用《孝经》自豪地说："我朝以孝治天下。"

孝字的非常广博的含义如此，这是简单的英文词组 filial

piety难以显示的。对于不熟悉中文孝字的人，filial piety可能意指单纯地照料他的父母。但正如《礼记》所说："烹熟膻香，尝而荐之，非孝也，养也。"这无疑是一个夸张的说法，但由以上引文我们可以看出，照料自己的父母确实仅只是孝字广博含义的很小一部分。

如果认识到传统的中国社会是建立在家族制度之上，认识到孝是凝固家族的德性，再在传统的中国社会哲学中发现如此极端强调孝道，也就不会大惊小怪了。

传统的中国社会制度的背境

一定要记住中国是大陆国家。对于古代中国人，土地就是世界。由于恰好中国人民知道自己在大陆国家，所以他们必须以农业谋生，然后以科学技术使其经济工业化。甚至今天中国人口中从事耕种的部分估计仍占75％至80％。在农业国家，土地是财富的根本来源。在传统的中国社会，在人们心目中土地是永久和安全的象征。若不占有一些土地，就不算在社会立定脚跟。

农人只有靠土地生活，土地是不动的。除非有特殊的才能，或是特别地幸运，就只有生活在父祖生活的地方，子孙也将在此继续生活。这就是说，广义的家，由于经济原因，必须生活在一起。这样，传统的中国社会中人，一旦占有一些土地，就意味着永久生活于此地。对于他们，其土地不只是他们一生的自己的家，而且是其子子孙孙的家，于其子孙他们看到他们的生命和工作的延续。

《礼记》中说，公元前六世纪晋国的卿赵武修成了他的住宅，晋国的官员前往参加庆贺新居的宴会。有一位官员说："美哉轮焉，美哉奂焉，歌于斯，哭于斯，聚国族于斯。"当时赵武回答说："武也得歌于斯，哭于斯，聚国族于斯：是全要领以从先大夫于九京也。"《礼记》评论这个故事说："君子谓之善颂善祷。"（《檀弓》下）

此颂此祷表现了靠土地生活的人的渴望，他们在其土地上修建房屋，希望永久住在那里。此颂此祷都讲得好，因为它们很合人情。它们并不假装只有喜而无忧。它们也不表示相信死后的生活。它们只表现了房屋土地所有者的愿望：无论是喜是忧，是死是活，他都能留在那里。这种感情是依附土地的感情，此颂此祷很好地表现了这种感情。

靠土地生活的人在身体和感情两方面都依附于土地。他们的家族之树，真正是像树一样地深深扎根于土地之中，伸展枝条于四面八方。广义的家必须生活在一起，因为他们不能分开。既然他们必须生活在一起，就必须有某种道德原则，作为这个群体的一种不成文宪法，这种原则就是孝道。

传统的中国家族制度

孝是以家族制度为基础的社会的组织原则。这样的社会是农业经济的产物，农业经济又必然受地理限制。除了中国还有其他大陆国家和农业社会。但恰巧传统的中国社会，由于其悠久历史，才成为这类社会的最发达的形态。传统的中国家族制度无疑是世界上最复杂的，组织得最好的制度之一。这个制度的复杂性可以从各种家族关系的不同名称看出来。因此，最早的中文字典《尔雅》，时代在基督纪元以前，其中有一百多个名词表示各种家族关系，绝大多数在英语中没有相当的词。某甲用英语说某乙是他的uncle，对于中国人这是一句很模糊的话。某乙是某甲母亲的兄弟呢，还是他母亲的姐妹的丈夫呢？还是某乙是某甲父亲的兄弟呢？如果是的，又是兄还是弟呢？在中文中，这些关系每个都有一个名词表示。在某甲用中文说某乙是他的什么什么的时候，你能精确地知道他们之间是什么关系。中文没有词只表示uncle。

家族制度过去是前工业的中国的社会制度。家过去是社会结构的基础。国过去是一个组织,可以称为"合众家"。在"美利坚合众国"中有不同的国,每国有其自己的宪法和传统,在这些国之上有"联邦政府"照管与所有各国都有关的事。传统的中国社会可以从政治上称为"亚细亚合众家"。在此联合体中有不同的家,每家有其自己的传统,在这些家中有一家照管与所有各家都有关的事。这就是当朝的皇家,皇家的首脑叫作"天子"。这一家是在其他各家之上吗?在一种意义上,是的;在另一种意义上,不是。这是很有趣的一点,我愿在后面讨论。

传统的中国社会是用所谓五伦(五种社会关系)组织起来的。它们是君臣关系、父子关系、夫妻关系、兄弟关系、朋友关系。每种关系有一个道德原则管着。如孟子所说:"父子有亲,君臣有义,夫妇有别,长幼有序,朋友有信。"(《滕文公》上)这些关系和管着它们的道德原则,都被认为是"天下之达道"(《中庸》),所有人都要遵行。

后来,汉代儒家大哲学家董仲舒(公元前约179—约104)在五种关系中挑出君臣、父子、夫妻等关系,以为更加重要,称之为三纲。"纲"的字义是网之大绳,其他小绳皆依附其上。因此,君为臣纲即君为臣之主。同样,父为子之主,夫为妻之主。

除了三纲，还有五常，都是所有儒家的人提倡的。常的意思是规范，或不变，五常是儒家的五德，即：仁、义、礼、智、信。五常是个人之德，三纲是社会之组织原则。复合词"纲常"旧日意指道德或道德律一般。

旧日个人一切行动都受这些社会关系的制约。依照儒家学说，表示这些关系的词各是一"名"，每个名代表一个道德原则。每个个人必有表示这些关系的词所与的某名，按照此名代表的道德原则行事乃是他的义务。例如，如果个人在父子关系中是子，他就必须按照子这个名所代表的道德原则行事；换句话说，他必须按照子所应该做的行事。如果他后来在与其子的关系中成了父，他就必须按照父这个名所代表的道德原则行事，也就是做父所应该做的。这一整套学说旧日称为"名教"，就是以名为本的教导。

在这五种社会关系中，有三种是家的关系。其余两种，君臣关系、朋友关系，虽非家的关系，但可通过家来理解。君臣关系可以通过父子关系或者夫妻关系来理解。朋友关系可以通过兄弟关系来理解。这样来理解它们，其实就是人们常用的方法。

孝为什么当作一切德性的基础，道理就在此。社会关系的整个结构都可以看作家事，而孝实质上就是忠于家。

忠的观念

君臣关系可以通过父子关系或者夫妻关系来理解。正是这个原故，我才说，在古代，当朝的皇家在一方面被当作其他各家之上的一家，但另一方面又在理论上被当作只是众家之一家。

非常普通的是视天子如民父。人们常说事君如事父。《孝经》中说："资于事父以事母，而爱同。资于事父以事君，而敬同。故母取其爱，而君取其敬，兼之者父也。"在这些话里，是通过父子关系来理解君臣关系。若这样理解君臣关系，则当朝的皇家一定要视作其他各家之上的超级大家。

但也很普通的是通过夫妻关系来理解君臣关系。这两种关系的相似之处，有一点就是，君臣关系的纽带，一如夫妻关系的纽带，照中国哲学家们所说，是"社会的或道德的"纽带，不是"天然的"纽带。就是说，不是血缘纽带。这就是为什么，如上述引文中所说，对父要敬与爱兼之，但对君只取其敬。照中国哲学家所说，夫与妻彼此也正是要取其敬。

谁也没有机会选择其父。这件事是命运决定的。但谁都可以选择其君，恰如女子在结婚以前可以选择谁作其夫。有句常说的话："良禽择木而栖，良臣择主而事。"这样说是对的：

在传统上、理论上，率土之滨，莫非王臣。但这样说也是对的：在传统上，普通百姓没有与政府各级官员同样的对皇帝尽忠的义务。君臣关系只特别与官员有关。所以甚至在只有一君的统一时代，仍可选择是否做官，恰如女子可以选择保持单身，即使只有一个男人为她可嫁。在中国历史上，一位学者若做出选择，置身仕途之外，他就是一个人，如传统说法描述的，"天子不得以为臣，王侯不得以为友"。他是一个大自由人，对皇帝没有任何义务，除了完粮纳税。

按照传统，君臣关系比如夫妻关系，有一句常言更进一步说明："忠臣不事二主，烈女不事二夫。"男人在决定是否做官以前，他做出选择十分自由，但一旦做出，就是最后的不可改变的选择。同样地，按照传统，女子结婚以前选择丈夫是自由的，但在婚后她的选择一次了结。

按照传统，结婚是女子从娘家转到夫家。婚前她是父母的女儿，婚后她成为丈夫的妻。随此一转她有了新的责任和义务，首先是必须对丈夫绝对忠实。这就叫作"贞"、"节"，被认为是作妻的最重要的德。

按照传统，一个男人做官，在一定意义上就是"嫁"给了君。他把自身从他自己的家转到皇家，皇家在这个意义上也仅只是众家之一家。未转之前，他是父母之子；既转之后，他成了其君之臣。随此一转他有了新责任和新义务，首先是必须对君绝对忠诚。这就叫作"忠"，被认为是为臣的最重要的德。

当男人将自身"嫁"给皇家的时候，他应该完全献身于他的新的责任和义务，正如在婚后女人应该完全献身于操持其夫的家事。男人身份这样的变化旧日谓之"移孝作忠"。

在中国传统社会人们认为忠孝是社会关系中两个主要的道德价值。忠臣孝子都受到普遍尊敬。但这不意味着孝不是在中国传统社会的基础的根本道德原则。在上面提到的转移中，孝子仍不失为孝子。相反，在新的环境中，这是他继续做孝子的唯一道路。如上面引文所表示，如果忠君是他的责任，则由于忠君他才真正成为孝子。所以在中国传统社会，认为忠是孝的扩展，而不能认为孝是忠的扩展。

忠与孝的冲突

这个事实可以用某些历史的道德处境为例证。历史上有些道德处境，其中的忠孝冲突，即为子的责任与为臣的责任的冲突，变得如此之大，以至成为严重的道德问题，应该首先予以考虑。中国历史中的经典事例是公元二世纪的赵苞事例。赵苞是一位太守，地处边境，在现在的满洲。他遭到某个部落侵略军的进攻。他的母亲来依靠他，却在路上被侵略军捉住。于是侵略军通知赵苞，要他投降，否则杀掉他的母亲。对于赵苞，这是真正的道德维谷。他做出决定，说："昔为母子，今为王臣，义不得顾私恩，毁忠节，唯当万死，无以塞罪。"他向敌进战，击溃敌人，以其母生命为牺牲。战后赵苞说："杀母以全义，非孝也。如是，有何面目立于天下！"在其母墓前哀伤而死。（《后汉书》独行传）

关于赵苞行为的道德意义，历史上有许多议论。《后汉书》说他是"取诸偏至之端者也"。但他若虑及"周全之道"，到底应该做什么，《后汉书》没有说。

几百年后道学大哲学家程颐（公元1033—1107），提出建议说，赵苞可以辞去太守之职，将兵权交与副手。在这种情况下，敌人可能不杀他的母亲，因为杀了她已没有意义。即使敌人仍然杀了她，赵苞也可以对于她的死少负一些责任。无论如何他应该做出努力，试图救母，哪怕不能成功也罢。

程颐的议论有孟子的权威支持。在《孟子》中有人问他："舜为天子，皋陶为士，瞽瞍杀人，则如之何？"对这个问题孟子回答说："［舜］窃负［其父瞽瞍］而逃，遵海滨而处，终身䜣然乐，而忘天下。"（《尽心》上）这个假想的处境与赵苞实际的处境相似。在这两个处境，一个人作为国家人员的责任与其为子的责任,都有性质极为严峻的冲突。孟子与程颐为这个道德维谷提出了相似的解决。

我提出这个极端事例,是为了显示中国传统社会的道德素质。重点在于,在正常情况下,若选择做官,就必须"移孝作忠";但万一忠孝发生严重冲突,则应首先考虑为子的责任。这就进一步证明,家族制度是中国传统社会的基础,孝是其一切道德原则的根本。

家的延续

按照传统的中国社会学说,五种社会关系之中,就重要而言,第一是父子关系;但就起源而言,第一是夫妻关系。《易经》中说:"有天地然后有万物,有万物然后有男女,有男女然后有夫妇,有夫妇然后有父子,有父子然后有君臣。"

在夫妻关系确立之前,"民只知有母,不知有父"。在这种情况下人与禽兽相同。确立夫妻关系是发展人与禽兽区别的第一步。公元前三世纪的一位大儒家荀子说:

> 故人之所以为人者,非特以其二足而无毛也,以其有辨也。夫禽兽有父子而无父子之亲,有牝牡而无男女之别。

故人道莫不有辨，辨莫大于分。(《荀子·非相》)

换言之，在动物世界，有雌雄，有后代，乃是自然的事实；但是有夫妻关系，有父子关系，乃是社会组织的事实。正是这一点使人与其它动物区别开来。

在传统的中国社会认为，确立夫妻关系是走向社会组织的第一步。古代经典之一的《诗经》，第一篇恰巧就是爱情之歌。按照传统道德的解释，其所以如此，是因为夫妻关系是"人伦之始"。

男女结婚成为夫妻是家的开始。一旦有了家，其年轻成员又需结婚，以延续家的存在。一个人在其家的延续中享受到生命不朽和理想不朽。在其家的延续中他既有过去的记忆，又有将来的希望。

个人一定死，但死不一定是他的生命的绝对终结。如果他有后人，后人实际就是他的身体长存的部分。所以有后人的人实际未死。他享受生命不朽，这对于一切生物都有可能。这是自然的事实，但要使这个事实鲜明突出，则只有经由家族制度的社会组织。

经由家族制度的社会组织，有后人的人不仅通过后人的身体享受生命不朽，而且通过后人的工作和后人的记忆享受理想不朽。后人的工作，继续着他的工作；后人的记忆，使他继续闻名于世。如此他保存于家族制度之中，肉体既未消灭，精神亦未消亡。

按照传统，正是用这种眼光看婚姻。《礼记》中说婚姻的目的是"上以事宗庙，而下以继后世也"（《祭义》）。婚姻提供手段，将过去祖宗的生命传给未来的子孙。按照传统，子的大责任是成为父。他若无子，就不仅他自己的生命面临绝灭，而更为严重的是，他祖宗的生命由他往下传，也将要终止了。所以孟子说："不孝有三，无后为大。"（《孟子·离娄》上）

在传统的中国社会，有一个儿子或几个儿子乃是人生最大的福气，而没有儿子乃是最大的缺憾。谚云："有子万事足。""含饴弄孙"是老人可能有的最大快乐。在传统的中国社会，一个人子孙满堂，他可以把子孙视作他自己的生命的扩展。因此在他的老年，他可以把他的存在以及其祖宗的存在，看作已经托付得人，所以可以平静地等待死去，不去进而操心他的灵魂是否在死后继续存在。在他已经有了确有保证的不朽的时候，他何必还要为极其可疑的不朽着急呢？

祖宗崇拜

在这里我们来看实践祖宗崇拜的本质意义。在传统的中国社会，这种实践的功用兼有社会的和精神的。在社会方面它当作手段以达到家族的巩固。由于传统的中国家族是个很复杂的组织，它的巩固就要依靠某种团结的象征，而本家族的祖宗都是天然的象征。

在传统的中国，在家族制度严格按照理想模型实现的地方，生活在一个地方的同姓的人常有宗祠。祠堂有其自己的土地和收入，作为宗族的公共财产。祠堂的收入用于举办对祖宗的祭祀，救济本族孤儿寡妇和赤贫，也对本族有希望的青年提供求学或进京赶考的资助。这样，宗祠的实际作用就是本宗族的社会工作中心。

在祖宗崇拜的实践中，按照中国哲学家们的理论，活着的后人将死去的祖宗唤回，祖宗不是作为来自超自然世界的鬼神，而是作为后人心中缅怀的形象。这是这种实践的精神的或情感的、人身的一面，它除了促进社会巩固，还安慰个人，增强勇气。《礼记·祭义》中说：

> 斋之日，思其居、处，思其笑、语，思其志、意，思其所乐，思其所嗜。……祭之日，入室，僾然必有见乎其位。周还出户，肃然必有闻乎其容声。出户而听，忾然必有闻乎其叹息之声。是故先王之孝也，色不忘乎目，声不绝乎耳，心志嗜欲不忘乎心，致爱则存，致悫则著，著存不忘乎心，夫安得不敬乎？

如此在祖宗崇拜的实践中，故去的人不论是好是坏，是伟大是渺小，都一再地在活人世界中成为熟人。他们不在忘却的世界，而在实际上是他们自己的血肉长存的后人生动记忆之中。实践这种崇拜的人有这样的感受：他亦将以与此相同的方式为其后人所认知。在如此的环境中，他感到：他的生命，是生命的无穷数列环节之一，这个事实是其生命意义之所在，同时亦是其生命无意义之所在。

这样，在理论上，在中国哲学家们看来，在祖宗崇拜的实践中没有迷信的东西。在他们看来，这种实践的基本观念十分科学。西方人惯于称这种实践为"宗教"。我不愿咬文嚼字，尤其是如此富于歧义像宗教这样的名词。但我愿指出，如果这种实践可以称为宗教，它也是没有教条、没有超自然主义的宗教。它将生死当作生物学的事实。可是有心理学的效果：使人从人生短暂性中"得救",得到对人生彼岸的真情实感。通过祖宗崇拜,人能得救,不须上帝,不须拯救之神。

〔原文用英文。1947年作于美国。发表于F. S. C. Northrop所编 *Ideological Differences and World Order*(《意识形态差异与世界秩序》)一书,1948年美国耶鲁大学出版社出版。涂又光译成中文〕

中国哲学与未来世界哲学

本世纪初以来,中国的社会、政治局面尽管看来混乱,可是中国的精神生活,特别是哲学思维,却有了伟大的进步。这并不出人意外。中国的混乱,是中国社会性质由中世纪向现代转变的一个方面。在这场转变中,造成了新旧生活方式之间的真空,传统的生活方式已经古老废弃,新的生活方式仍然有待于接受。这样的真空,十分不便于实际日常生活,但是很有利于哲学,哲学总是繁荣于没有教条或成规约束的人类精神自由运动的时代。

在转变时期,过去的一切观念、理想,都要重新审查,重新估价,在这点上一律平等,哪个也不能要求比别个具有更大的权威。进行重新审查、重新估价的人是哲学家,他由此达到的观点,要比自限于单一思路的人高得多。

在中国现在进行的转变中,哲学家们特别幸运,因为自本世纪初以来,他们重新审查、估价的对象,不仅有他们自己的过去的观念、理想,而且有西方的过去和现在的观念、理想。欧洲、亚洲各个伟大的心灵所曾提出的体系,现在都从新的角度,在新的光辉照耀下,加以观察和理解。随着哲学中新兴趣的兴起,老兴趣也复兴了。在这种形势下,如果当代中国思想竟无伟大的变革,倒是非常可怪了。

变革已经发生,速度很快。许多观点已经表达出来了,只是又被后来的观点取而代之,后来的观点则是更多地研究和理解西方哲学的结果。我自己的观点也会被取而代之,虽然如此,我还是把它表达出来,说明中西哲学如何可以互相补充,以及在这种互相补充中,中国思想如何对未来世界哲学可以有所贡献。我只讲两点:一点是哲学使用的方法,一点是由哲学达到的理想人生。

中西哲学必有某种根本的相似之点,否则就没有理由把它们都叫作哲学。分析它们的相似之点时,我基本上限于它们的形上学学说,或限于有形上涵义的认识论学说,因为只有在这里最容易对中西哲学进行比较。在西方哲学中我提出两个主要传统,柏拉图传统和康德传统,以供讨论,并与中国哲学中两个主要传统,儒家传统和道家传统,进行比较。柏拉图传统和儒家传统,代表着形上学中可以称为本体论的路子;而康德传统和道家传统,就其形上学或其哲学的形上学涵义而论,代表着可以称为认识论的路子。有一点强烈地吸引着我,就是,尽管形上学的目的是对经验做理智的分析,可是这些路子全都各自达到"某物",这"某物"在逻辑上不是理智的对象,因而理智不能对它做分析。这不是因为理智无能,而是因为"某物"是这样的东西:对它做理智的分析就陷入逻辑的矛盾。

本体论的路子,开始于区别事物的性质与事物的存在。正如柏拉图学说的当代解释者乔治·桑塔耶纳所说:"像公理一样自明的是:事物若没有性质就没有存在;只有有某种性质的事物才能存在。但是存在就有变化,或有变化之虞;事物能够变形,或换句话说,事物可以丢掉一个本质而拾起另一个本质。"[鲁尼斯(D.D.Runes)编:《二十世纪的哲学》,第315页]这个路子展现出关于本质的逻辑同一性和永恒性,这些当然都是理智的对象。但是,拾起本质、丢掉本质的那个"存在"又是什么?理智在分析某一事物时,将其性质一一抽去,抽至无可再抽,只觉得总还剩下"某物",它没有任何性质,但是具有任何性质的事物都靠它才存在。

这个"某物",在柏拉图学说中叫作"买特"(matter);柏拉图说它"能接受一切形式",所以"不可以有形式"(柏拉图:《蒂迈欧》)。"买特"不可分析,不是因为理智无能，而是因为凡是可以分析者一定具有某种性质。凡是具有性质者就不是叫作"买特"的"某物"了。

有些哲学家不喜欢柏拉图这个"买特"概念，想说"事件"或"物质"，在作为"材料"的意义上，才是宇宙最后的存在。但是这样的想法不是严格的理智分析。我得说，这些哲学家是错在把某些代表实际科学知识的实证观念，当成最后的了，这些实证的观念不是逻辑分析得出的形式的观念。"事件"或"材料"不过是另一类的事物，还需要进一步地分析。即使接受"事件"的说法，可是一个事件或一块材料又得分解为无性质的"某物"加上某性质。

中国哲学中的儒家，从它最初之日起，就尊重"名"，认为名代表人类行为的原则或德性的本质。儒家学说这一方面的形上学涵义，在朱熹的体系中发挥至极。朱熹体系成为中国正统的国家哲学，是从13世纪起，到20世纪初辛亥革命将帝制连同国家哲学一起推翻为止。若将朱熹的形上学体系与柏拉图的形上学体系加以比较，就会对这两位伟大哲学家的相似之处有很深的印象。不过朱熹并不认为实际世界只是理（Ideas）的不完全的摹本，而无宁是理的具体实现。在这方面，朱熹是沿着柏拉图的伟大门徒亚里士多德的路线活动的［参阅冯友兰：《朱熹哲学》，布德（Derk Bodde）英译，载《哈佛亚细亚研究学报》1942年第七期，第1～51页（中文原文载《清华学报》第七卷第二期）〕。

正像本体论的路子开始于区分事物的形式和质料，认识论的路子区分知识的形式和质料。后者正是康德所做的事。照康德说，知识的形式，如时间、空间，以及传统逻辑讨论的诸范畴，都是人的认识能力中固有的。靠这种能力人能够有知识。但是人的知识所包括的仅仅是其形式之内的东西，因而与形式混合在一起，不能分开。在理想中与这些形式有区别的东西可以叫作知识的质料，但是它究竟是什么，人不得而知。这就是康德所说的"自在之物"，或"本相"（noumenon），人不能知道它，人只能知道"现相"（phenomenon）。人不能知道"自在之物"，并非因为人的智力不足，而只是因为，如果叫作"自在之物"的东西当真可知，它就必然也只是另一个现相，而不是"自在之物"。

因此康德主张，有个"界线"存在于知与未知之间——未知的意思不是尚未知，而是不可知。康德说，界线"看来就是占满的空间（即经验）与空虚的空间（我们对它毫无所知，即本相）的接触点"〔康德：《未来形而上学导论》，卡勒斯（Paul Cams）英译本，第125页〕。他继续说，"不过，既然界线本身是一个肯定的东西，它既属于在它里边所包含的东西,又属于存在于既定的总和以外的大地,因此它也仍然是一个实在的肯定认识,理性只有把它自身扩展到这个界线时才能得到这种认识,但不要打算越过这个界线"〔康德:《未来形而上学导论》,卡勒斯(Paul Carus)英译本,第133页〕。

就一个方面说,中国哲学中的道家与康德之说相同。道家也区分可知与不可知。儒家以为,名代表原则或本质,原则或本质是实际世界中事物的标准;道家则以为,名代表主观的区别,主观的区别是人类智力造成的。"名言"这个名词是道家常用的。"言"是语言,用"名言"这个名词,道家将"名"归结为语言的事,这就必然与知识相联。人的知识只能通过名言。但是名言背后、名言之外,是什么呢?那就是"某物",它在原则上,根据定义,是不可知的。用康德的术语说,那个某物在界线的彼岸,可以描述为"虚"(void)。这恰好就是道家用来描述界线彼岸的词。道家惯于将界线彼岸描述为"无",意思是not-being,为"虚",意思是void。

我只说在一个方面道家与康德相同,在另一方面道家则与康德不同。在伦理学,或康德称为道德形上学方面,他十分吻合儒家,特别是他的"无上命令"之说及其形上学基础,更为吻合。但是专就区分可知与不可知而论,康德与道家十分吻合。

但是，即使在这一方面，他们之间也有很大差别。康德似乎看出，靠纯粹理性的帮助，没有越过界线的道路。在他的体系中，不论纯粹理性做出多大努力去越过界线，它也总是留在界线的此岸。这种努力有些像道家说的"形与影竞走"。但是看来道家却用纯粹理性真的越过界线走到彼岸了。道家的越过并非康德所说的辩证使用理性的结果，实际上这完全不是越过，而无宁是否定理性。否定理性，本身也是理性活动，正如自杀的人用他自己的一个活动杀他自己。

由否定理性，得到道家所说的"浑沌之地"。若问：由否定理性，是否真正越过了界线？此问没有意义。因为照康德与道家所说，这个界线是理性自己所设。随着理性的否定，也就不再有要越过的界线了。在事实上，越过界线就是取消界线。若问：越过或取消界线之后，有何发现？此问亦没有意义。因为照康德与道家所说，辨认一物不过是理性的功能。随着理性的否定，也就无所谓辨认了。

在道家看来，康德常用的"自在之物"这个名词，是一个十足误人的名词，因为它有肯定的意义，给人以错误的印象，好比说，我面前这张桌子只是一个假象，真正的桌子却在它的背后，那才是"自在之物"。当然，越过界线的东西不能用像"桌子"这样的词来描述，但是也不能用像"真正的"这样的术语来指称。它只能用否定的名词来表示。最后，连这个否定的符号也必须自身否定之。因此，谁若对道家有正确的理解，谁就会看出，到了最后就无可言说，只有静默。在静默中也就越过界线达到彼岸。这就是我所谓的形上学的负的方法，道家使用得最多。禅宗也使用它。禅宗是在道家影响之下在中国发展起来的佛教的一个宗派。

换句话说，描述，在根本上，是知识和理智的任务，但是在界线彼岸的东西根据定义是在知识和理智之外。想要描述彼岸的东西，就是想要用语言说出不可能也不应该用语言表达的东西。不能说它是什么，只能说它不是什么。这就是负的方法的精髓。

从知识和理智的观点看，负的方法表达的是否定的观念，一个X，一个表示人所不知的东西的符号。如果它也算是观念，就只是否定的观念。但是在越过界线时，连否定的观念也要放弃。一旦已经越过了界线，人就不仅没有"否定的观念"，而且没有"否定"的观念。

在这里我们得到真正的神秘主义。从道家和禅宗的观点看，西方哲学中虽有神秘主义，还是不够神秘。西方的神秘主义哲学家大都讲上帝，讲人与上帝合一。但是上帝，既然全知全能，实质上就是一个理智的观念。人只要还有一个或多个理智的观念，就还在"界线"的此岸。

另一方面，逻辑分析的方法，我称之为形上学的正的方法，在中国哲学中从未充分发展。例如，朱熹的体系中，其推理的结论虽与西方哲学中的柏拉图学说有很多相似之处，其辩论和证明则远远不够充分。道家反对知识和理智，所做的辩论和证明也是如此。在这一方面，中国哲学家有许多东西要向西方学习。

过去二十年中，我的同事和我，努力于将逻辑分析方法引进中国哲学，使中国哲学更理性主义一些。在我看来，未来世界哲学一定比中国传统哲学更理性主义一些，比西方传统哲学更神秘主义一些。只有理性主义和神秘主义的统一才能造成与整个未来世界相称的哲学。这是我想在此肯定的第一点。

也许要问一个问题：所谓越过"界线"，对人生会有什么实际效果？这个问题的答案，将我引到我的第二点，它涉及由哲学达到的理想人生。

像印度哲学许多派别那样的哲学会说，人达到不可言说、不可思议之境，便与所谓绝对实在同一，这种同一的状态叫作"涅槃"。人一达到涅槃，便能解脱"个人不死"。个人不死，西方的人以为乐，印度传统以为苦。中国哲学不如此极端。按中国传统，越过界线的实际效果，是提高我想称为的人的生活境界，以改进人生。

我在《新原人》一书中曾说，人与其它动物的不同，在于人做事时，能理解他在做什么，并能自觉他正在做它。他在做的事对于他的意义，正是这种理解和自觉给予的。由此给予他各种不同活动的各种不同意义，这些意义的整体，构成我所称的他的生活境界。

不同的人可以做相同的事，但是根据他们不同程度的理解和自觉，这些事对于他们可以有不同的意义。每个人各有他自己的生活境界，与其他任何人的都不完全相同。不过撇开这些个人的差异，我们可以将各种不同的生活境界划分为四个概括的等级。从最低的说起，它们是：自然境界，功利境界，道德境界，天地境界。

一个人可以单纯地只做他的本能或其社会风俗习惯引导他做的事。像儿童和原始人，他对所做的可能并不自觉，或对他正在做的并无很多理解。这样，他所做的事，对于他若有意义，也是极少。他的生活境界，我称为"自然"境界。

或有人可能意识到他自己，做一切事都是为了他自己。这不是说他一定是不道德的人。他可以做某些事，其后果是利他，其动机是利己。他所做的一切对他自己都有功利的意义，他的生活境界，我称为"功利"境界。

再有人会进而理解，有社会存在，他是社会的成员。社会构成整体，他是这个整体的一部分。照这种理解，他做一切事都是为了社会利益，以道德命令为无上命令。在道德一词最严格的意义上，他是真正道德的人，他所做的是道德行为。他所做的一切都有道德的意义。因此，他的生活境界，我称为"道德"境界。

最后有人进而理解，在作为整体的社会以外，还有更大的整体，这就是宇宙。他不仅是社会的成员，同时还是宇宙的成员。本着这种理解，他做一切事都是为了宇宙利益。他理解他做的事的意义，自觉他正在做他做的事这件事。这种理解和自觉为他构成更高的生活境界，我称为"天地"境界。

这四种生活境界，前两种是实是的人的产物，后两种是应是的人之所有。前两种是自然的赐予，后两种是精神的创造。自然境界最低，接着是功利境界，然后是道德境界，最后是天地境界。其所以如此，是因为自然境界几乎不需要理解和自觉，而功利境界、道德境界则需要多一些，天地境界需要最多。道德境界是道德价值的境界，天地境界是可以称为超道德价值的境界。

按照中国哲学的传统，一般地说哲学，特殊地说形上学，其功用是帮助人达到精神创造的那两种生活境界。天地境界必须看成哲学境界，因为若非通过哲学得到对宇宙的某种理解，就不可能达到天地境界。但是道德境界也是哲学的产物。道德行为并不单纯是符合道德律的行为，道德的人也不是单纯养成一定的道德习惯的人。他的行为，他的生活，必须含有对相关的道德原则的理解；否则他的生活境界简直可能是自然境界。哲学的任务就是给予他这种理解。

在中国哲学中，道家强调在最高的生活境界中可能有的快乐和幸福。但是在儒家看来，提高人的生活境界到最高境界，不光是个快乐和享受的问题，而是实现人之所以为人者。一个人，作为某种特殊一类的人，例如工程师或政治家，可能是完人，而作为人则可能不是完人。只有在最高的生活境界中人才是完人。哲学的功用是训练人成为完人，完人的最高成就，是与宇宙合一。

但是宇宙不能是理性的对象。在哲学中我们称为宇宙者是一切存在的总体。它相当于道家所说的"大一"。照他们所说，由于大一是一，所以不可言说、不可思议。当我们说"大一"时，已经是二了：一个是所说的大一，一个是说大一的说。

用现代逻辑的话说，当我们思一切存在的总体时，我们是在反思，因为我们是要把我们自身和我们的思都包括在总体之中。但是当我们思总体时，在我们思中的总体在逻辑上就不包括思总体的这个思。所以我们所思的总体不是一切存在的总体。严格地说，一切存在的总体，是思的一个观念，但是是这样的观念，将欲得之，必须失之，而将欲失之，必先得之。

在《理想国》中，柏拉图说，哲学家必须从感性世界的"洞穴"提高到理智的世界。如果哲学家在理智世界，也就是在天地境界。可是生活在天地境界的人，其最高成就是他自身与宇宙同一。刚才我们说过，宇宙不能是理性或理智的对象。所以人自身与宇宙同一时，人也就否定理智，这与"越过界线"的情形相同。

个人与宇宙同一，在斯宾诺莎学说中是对上帝的理智的爱。他也似乎说上帝是一切存在的总体。但是如果上帝真是一切存在的总体，它就不能是爱的对象，正如它不能是理性的对象。人不可能爱它，除非人自身与它同一。这个同一，必须由否定理智来完成，因为只有否定理智，人才能实现与不能是理智或理性的对象者同一。可是这个同一就是理智的爱，因为理智的否定本身就是理智的活动。斯宾诺莎没有把这一点讲清楚。

"越过界线"的人，化入"浑沌之地"。但是这个化，必须经过理性而否定理性来实现。否则所得的生活境界不是第四种，而是第一种，不是最高，而是最低。在一种意义上，赤子处于威廉·詹姆斯称之为纯粹经验的状态，也是生活在"浑沌之地"。但是赤子并未化于那里，只不过是在那里。赤子生活在自然境界，自然境界是自然的赐予，不是精神的创造。为什么在越过界线之前，必须对界线有清楚的理解，道理就在此。为了消除理性，必须充分运用理性。为什么真正的神秘主义之前必须有真正的理性主义，为什么负的方法必须结合正的方法，道理就在此。

主张否定理性的哲学，看起来似乎一定是出世的。并非必然如此，虽然一个真正的哲学不可能仅只是入世的。它是出世的，在于试图消除人的自私和卑鄙，但是这不必意味着排除对世间日常事务的兴趣。一个真正的哲学既是出世的，又是入世的，强调在人类生活的日常事务中实现最高的生活境界。

实现这个实现，是中国哲学传统的主要目的和主要问题。在我的《新原道（中国哲学之精神）》一书中，曾力求说明，这个问题一直是中国哲学进展的中心，从孔子时代直到现在。

天地境界中的人，中国哲学称之为"圣人"，圣人并不能做出奇迹，也无须试做。他做的事不多于常人，但是具有较高的理解，他所做的就有不同的意义。换句话说，他在"明"的状态中做他做的事，别人在"无明"状态中做他们做的事。这是他的理解的结果,构成最高的生活境界,由他在人生日常行事中实现之。按照中国的传统,这就是由哲学实现的理想人生。

中国哲学对人生启示的就只是这个公开的秘密。它不过是将人生当作一个自然的事实,努力在精神上改进它,以求使之尽量地好。这里并非简单地是一套道德说教或宗教教条,如有些人设想的。这里是一种年代久远的尝试,要改变日常生活的意义和价值,使之具有在最好意义上的最高价值。这说明为什么,通贯中国历史,哲学能指导精神生活而毫无超自然主义,又能指导实际生活而不低级庸俗。中国若能对未来世界哲学做出贡献,那就是这个公开的秘密:就在日常生活之内实现最高的价值,还加上经过否定理性以"越过界线"的方法。

〔此文原文是英文,发表于 *Philosophical Review*(New York)V.57,Nov.1948,国内未传。日本国文部省研究员后藤延子女士研究冯学,辛勤收集,寄来原本;热心雅意,永志勿谖。1986年12月,涂又光译于武昌瑜伽山居〕

参加印度释迦牟尼逝世二千五百周年纪念的经过和发言

关于佛教创始人释迦牟尼的生卒年代，有不同的记载。旧有一种记载，今年（1956年）是他逝世二千五百周年。印度为了这个周年纪念，举行了许多活动。活动分两大部分，第一部分在今年5月举行。第二部分在今年11月至12月举行。中国佛教文化代表团应邀参加第二部分活动。我参加这个代表团于11月18日离北京赴印度。

这一部分的主要活动是邀请各国代表开座谈会，和到佛教各圣地参观（对于佛教徒说，是朝拜）。这次到会的有二十四个国家的代表八十七人，会议在新德里于11月24日开始。这一天举行的是一个群众性的大会。印度的总统、副总统和总理都出席讲了话，座谈会于26日开始，讨论的总题目是："佛教对于艺术文学和哲学的贡献"。艺术、文学、哲学，各占一天。

第四天讨论"佛教的福音",作为前三天讨论的总结。

我在29日讨论佛教与哲学的座谈会上发言。题目为"佛教中某些教义对于中国哲学的影响"。发言的大意如下:

"在中印两国长期的文化交流中,一件最大的事情是佛教输入中国。在佛教初入中国的时候,佛教与中国思想之间,是有差异、冲突和矛盾的。在长时期的演化中,有些差异消失了,有些冲突调和了,有些矛盾解决了。佛教中的某些教义和中国哲学中的某些思想,互相吸收。在互相吸收中新观念出来了。新学派成立了。这是中印文化交流的最好结果。

"在这些新的学派中,最可注意的是,佛教中的禅宗和儒家中的陆王学派。前者是佛教吸收中国哲学中的某些思想的结果。后者是中国思想吸收佛教中的某些教义的结果。这两派都注重提倡人与人之间的平等,个人对于传统权威的自由。

"佛教在中国发展了许多派别。在这许多派别中,禅宗是最富有中国特点的,也是最有社会影响的。禅宗认为每一个人都有佛性、顿悟可以成佛。这些教义都可以引人认识到个人的尊严,个人的心的无穷的潜力,和人与人之间的平等。

"根据这些教义,禅宗认为个人的'本心'比佛的经典更有权威,可以根据个人的'本心'批判经典,这种解放个人的精神,在佛教中促成了某些改革。

"儒家受了禅宗的影响，兴起了陆王学派。陆王学派也重视个人的'本心'。陆象山认为六经只是'本心'的'注脚'。

"王阳明认为人人皆有'良知'。'良知'自然知善知恶。它是是非善恶的最高和最后的标准。应该是个人的'本心'或'良知'，不是孔子的经典，决定人应该做什么。

"陆王学派的批评者认为，陆王虽强调个人的'本心'或'良知'比传统的经典有更高的权威，但是他们所说的'本心'或'良知"的内容，仍然是传统的封建道德。因此他们的思想并没有进步的意义，不过是给旧内容以似乎新的形式而已。

"这种批评是有一定的根据的。但是专就这一方面说，是不全面的。陆王学派的进步意义，可以从它以后的发展看出来。王阳明的后学，有一部分对封建传统的某些部分，表示批评和反抗。李贽就是其中的一人。封建正统派说他们是'狂禅'。

"从中国社会的发展看，这些'狂禅'的思想是中国封建社会趋于崩溃在思想中的反映。在19世纪中叶以后，这种崩溃，越来越显著，个人也越来越快地从封建统治中解放出来。

"可以注意的是：从19世纪中叶至20世纪初年，中国政治方面的改良家和革命家有许多是相信或者赞美佛教的。戊戌政变时期的康有为、谭嗣同以至辛亥革命时期的章太炎,都是赞美佛教的。

"康有为和谭嗣同都认为佛教是提倡人的平等和自由的。康、谭都有一种空想社会主义思想,其内容的一大部分是受佛教的启发的。在他们的时代,他们把佛教作为一种武器,反对传统。

"现在的世界仍然充满了冲突与矛盾。第三次世界大战的危险,仍然是人类和文化的大威胁。佛教的和平、平等精神,仍然是可以成为拯救人类的力量,让我们拥护这种精神。"

发言最后一段的意思,是在这次会中经常提到的。可以说是贯穿这次会的一个主要思想。

座谈会于11月29日结束。12月3日,各国代表由新德里出发赴佛教圣地参观,至11日到加尔各答,活动结束。

(原载《北京大学学报》1957年第一期,2月出版)

略论道学的特点、名称和性质

哲学是人类精神生活的反思。人类,在其精神生活中经常遇到这样或那样的矛盾。有了矛盾,就有问题。其中有比较带根本性或有比较带普遍性的问题,就成为哲学问题。对于这些问题的理解和体会以及解决,就是哲学的内容。其理解和体会可能有肤浅或深刻的差别,其解决可能有错误或正确的不同。所以哲学就分为许多"家"和"派",这是不足为奇的。即使在自然科学中,一门科学也可以有不同的"家"和"派",这一"家"和那一"家",这一"派"和那一"派"有其共同之处,也有其不同之处。其共同之处在于它们所解决的问题是相同的或类似的。其中不同之处在它们对于这些问题的理解和体会,有深刻、肤浅的差别,对于这些问题的解决,有正确和错误的不同。这些不同就是这一"家"或这一"派"的特点。

道学是中国哲学中的一个最大的派别。它的特点是什么?

这是本文所要讨论的第一个问题。它的名称是什么，应该是"道学"还是"理学"？这是本文所要讨论的第二个问题。它的性质是什么？是哲学还是宗教？这是本文所要讨论的第三个问题。

先从第一个问题说起。

道学是关于人的学问，它所要讲的是人在宇宙中的地位，人的自然的关系，个人和社会的关系，个人发展的前途和目的。这一类的问题，都是人类精神生活中的比较带根本性和普遍性的问题。

中国哲学有一个很古的传统说法："人为万物之灵。"这句话见于《书经·泰誓》。《泰誓》这一篇是伪古文。但是伪古文可能有所本。《礼记·礼运》说："故人者，其天地之德，阴阳之交，鬼神之会，五行之秀气也。"这也就是"人为万物之灵"的意思。《礼运》出于西汉。"人为万物之灵"的传统说法，大概也不会晚于西汉。比较早的一位道学家周敦颐在他的《太极图说》中，也说："惟人也得其秀而最灵"。"其秀"就是阴阳、五行之秀，"灵"就是"万物之灵"那个"灵"。用一个"灵"字说明人类的特点，这是很中肯的。在古生物中，有的身体最大，有的力量最强。人在这些方面，跟它们比起来，相差太远了。人的特点，就是比其余的生物都灵。灵就是聪明智力。有了聪明智力，他才能组织社会，发展科学艺术，创造自然界原来所没有的东西。总而言之，他就能有精神生活，就能有对于精神生活的反思。这些都是灵的内容和效果。他为什么能够这样灵呢？就是因为他得到了阴阳、五行的秀气。说到秀气，似乎有点神秘。可是我们现在也说，人所以能有思想，是因为他有脑，而脑是发展到最高程度的物质。这也可以说是物质的秀气吧。我并不是用现代唯物主义思想傅会道学。多数的道学家就其整个系统说，是唯心主义的。但其是唯心主义的理由，别有所在。专就上面所引的几句话还不能说是唯心主义的，但无论如何是说明了人之所以为人，以及人和自然的关系。由此也说明了人在宇宙中的地位。

中国哲学还有一个传统的说法，就是把人和天地合称为"三才"。《中庸》说，"可以与天地参矣"。"参"就是三，就是说人可以与天地并立而为三。我们现在知道，地和天不能相提并论，地不过是一个很渺小的天体，而人不过是地上的各种物类之一，所谓三才并立，是很可笑的。但古人认为天地是宇宙间两个最大的东西，在天地中间，人的形体虽然很小，但是他的功用却很大。三才并立并不是就形体方面说的，而是就精神方面说的。宋朝人有两句诗说："天不生仲尼，万古长如夜。"他这里是以仲尼为人类的代表。应该说：天若不生人，万古长如夜。因为如果没有人，就没有上边所说的那个灵，如果没有那个灵，谁能理解自然界的规律？谁能创造自然界所本来没有的东西？自然界就没有自觉，这就好像在昏夜中睡觉，长此终古了。三才并立，是说明人在宇宙中的地位，也是说明人和自然界的关系。中国古人所谓天地，就是泛指自然界。

中国哲学中还有一个传统的说法："究天人之际。"这个"天"，也是泛指自然界。"天人之际"，说的就是人和自然界的关系。"究天人之际"，就是说要搞清楚这个关系。天人并立，也是对于这种关系的一种说法。如果再追问下去，那就有这两者之中的本末、轻重的问题。天人二者，哪个是本，哪个是末？哪个比较轻，哪个比较重？黑格尔认为，自然界是精神的异化。这就是以人为本，自然界为末。所谓异化，就是一个事物一分为二，自己给自己树立了一个对立面，这个对立面是从自己分出去的，却又成了自己的对立物（我在这里并不是注释黑格尔，也不保证我这个说法就是黑格尔本来的意思，如果不是的，那就算我借用他的一个名词吧）。既然是对立物，其间必有矛盾和斗争，但毕竟是从自己分出去的，所以也必然有统一。如上面所说的，所引的那几句话，在表面上看，是认为人是天的异化。《中庸》说，"天命之谓性"，那就是说，天是本，比较重，人是末，比较轻。还是如上边所说的，无论说谁是谁的异化，都是要说明人和自然界的关系，人在宇宙中的地位。

张载的《西铭》说的也是人和自然的关系，人在宇宙中的地位，由此推及人与宇宙中其他事物的关系。在这篇文章中，有两个常见的代名词，一个是"吾"，一个是"其"。"吾"就是我个人。"其"，就是天地或宇宙或乾坤。"吾"，是我个人，却又不只是我个人。谁念这篇文章，那个"吾"就是他个人。无论是我还是他，如果了解了他是人类中的一个成员，也是宇宙的一个成员，他就看出来，或者感觉到，他的一举一动都有宇宙的意义。例如，"尊高年"，"慈孤弱"，都不仅只是尊社会中的高年，慈社会中的幼弱，也不仅只是尊人类的高年，慈人类的幼弱，而简直是尊宇宙的高年，慈宇宙的幼弱。圣人和贤人，不仅是社会中出类拔萃的人，也不仅只是人类中出类拔萃的人，而且简直是宇宙的出类拔萃的人物，这就是那几个"其"字的意思。照这样推下去，个人的一举一动，都有这样的一层又一层的意义。宇宙是无限的，人生是有限的，一个个人如果有这样的了解，他就是纳无限于有限。有限的事总是做不完的，他活着一天，就尽力做一天的事。哪一天死了，他就可以休息。这就是《西铭》最后两句话所说的:"存,吾顺事;没,吾宁也。"宁,是休息。只有有上面所说的了解的人才可以觉得死是休息,因为他是纳无限于有限,寓永恒于时间,死不过是休息。至于没有这种了解的人,死了就是一切都结束了,一切都完了,说不上休息或不休息。

张载的这篇文章,讲了人在宇宙间的地位,人与宇宙的关系,并把人具体到个人,由此推论到人在宇宙间应有的责任和义务,以及生死问题。一篇几百字的文章,讲了一部精神现象学。所以道学家们都极推崇这篇文章。程颐说,有了这篇文章,省了多少言语。

张载的这篇文章,也透露出了道学家所讲的人的本质。所谓人的本质就是"人性",人所以别于其他动物的根本规定性,照他们所说的,人的根本规定性是"仁"。

程颢说:"学者须先识仁。仁者浑然与物同体,义、礼、知、信皆仁也。识得此理,以诚、敬存之而已,不须防检,不须穷索。若心懈则有防,心苟不懈,传防之有?理有未得,故须穷索,存久自明,安待穷索?此道与物无对,大不足以名之。天地之用,皆我之用。孟子言万物皆备于我,须反身而诚,乃为大乐。若反身未诚,则犹是二物有对,以己合彼,终未有之,又安得乐?《订顽》意思乃备言此体。以此意存之,更有何事?"(《河南程氏遗书》卷二上)这是二程的学生吕大临所记的一条程颢的语录,后来有人把它摘出来作为一篇文章,并为之加了一个题目:《识仁篇》。"浑然与物同体",这是程颢对于宇宙、人生的理解。道学家们认为,人和其他万物都是从一个源头来的。这个源头就是"理"。从源头上说,人和其他万物本来都是浑然同体的。道学家们认为,学道学的人必须先知道这一点,"识得此理",就是"识仁"。他们认为,道学并不仅只是一种知识,所以仅只"识得此理"还不行,更重要的是要实在达到这种精神境界,要真实感觉到自己实在是"与物同体"。这种境界叫作"仁"。达到这种精神境界的人叫作"仁人",或"仁者"。

程颢比喻说:"医书言手足痿痹为不仁,此言最善名状。仁者以天地万物为一体,莫非己也。认为为己,何所不至?若不有诸己,自不与己相干,如手足不仁,气已不贯,皆不属己。"(同上)既不属己,不但空谈"爱人"是假话,即使为自己的利益的目的而做些"爱人"之事,也不是真实的。程颢常说的"至诚恻怛之心",即是真正的仁的表现,以至义、礼、智、信也都是仁的表现。

所以既"识得此理",还要"以诚、敬存之"。"诚"是没有虚假,用道学家的说话,就是"无妄"。"敬"就是心不分散,用道学家的话说,就是"主一"。"以诚、敬存之"就是实实在在地注意于"浑然与物同体"这个道理。这就够了，不需要防守自己，怕自己的行为有误，也不需要再事追求，怕这个道理有错。

"此道与物无对，大不足以名之"。既然"与物无对"，那就是绝对。这就是"绝对"这个名词的确切意义。这并不是说程颢所说的"无对"与黑格尔所说的"绝对精神"有什么关系，只是说，这个名词有这样的意义。既然"我"真是觉得"浑然与物同体"了，所以"天地之用，皆我之用"。孟子说："万物皆备于我"，这都是说的天地万物与"我"浑然一体的精神境界，这并不是说，自然界的现象如刮风，下雨之类，都是"我"所作所为，那就等于说"我"能呼风唤雨，显然是不可能的。这种境界的哲学意义，就是取消主观和客观的界限，中国哲学称为"合内外之道"。

照道学的要求，这个"合"不仅是知识上的事，需要反过来看看自己是不是真有这种精神境界，是不是真正感觉到如此。如果真有这种境界，那就是"反身而诚"那就可以有最大的快乐（"乐莫大焉"）。如其不然，仅只是在知识上认识到有这个道理，而实际上仍然觉得自己是自己，万物是万物，尔为尔，我为我，那么即使努力要求取消这种界限，那还只是"以己合彼，终未有之"，那也不能有乐。程颢指出，这种精神境界正是张载的《西铭》（《订顽》）中所说的那种境界。

程颢又说："所以谓万物一体者，皆有此理。只为从那里来。'生生之谓易'，生则一时生，皆完此理。人则能推，物则气昏推不得，不可道他物不与有也"，人只为自私，将自家躯壳上头损失，那就是不义。这个道理说穿了也很简单。道学把义利之辨归结为公私之分，只是说穿了这个简单的道理，说了一句大实话。

道学家还反对所谓人欲，或称为私欲。人既然是一个具体存在的人，他就必须有一个肉体。这个肉体，必然有所需要，如饮食男女之类。饮食，是肉体维持它自身存在的需要，男女是延续它的存在的需要。这些都可以称为欲，也都是出于性。这都是无可非议的，无可反对的。但是专从自己的欲着想，就是程颢所说的专从自家躯壳上头起意，这就成为人欲，也称为私欲。其所以成为人欲，因为它是专从人的存在的物质基础（躯壳）上起意，其所以称为私欲，因为它是专从个人自己的躯壳上头起意，所以它是私的，是应该反对的，凡是私的，都是应该反对的。比如说，人都要照例吃饭，饿的时候都想吃饭，这是无可非议的，也无可反对的。但是如果他吃的必须是山珍海味，或者只管自己吃饭而不让别人吃饭，这就是人欲或私欲。人要结婚，这也是无可非议、无可反对的。但是如果必定要三妻六妾，那就是人欲或私欲，当然是应该非议、应当反对的。从公私之分看义利之辨，那就可以看出，义为什么是仅次于仁的基本道德。凡是大公无私的事，都是道德的事，凡是有私无公的事，都是不道德的事。

社会是人所创造的。人创造了社会，社会又成了人的对立面，特别从个人的观点看是如此。从这个意义上说，社会是人的异化。个人和社会的矛盾，都是从这种异化而起的。礼，是社会制度、社会关系和社会秩序等，是对于个人的约束和限制，是个人和社会的矛盾的集中表现。

照道学家说，礼并不是对于个人的限制和束缚，而是个人的道德发展的条件，是个人完成他的完全人格的必由之路。《大学》所讲的三纲领、八条目，就是个人完全人格的内容。这个内容，是以修身为主。在八条目中，格物、致知、诚意、正心是修身的方法，其目的就是明明德。明明德就是修身，是三纲领中的第一纲。但是，一个明明德的人，不能只明他自己的明德，他还要"明明德于天下"。齐家、治国、平天下，就是明明德于天下的内容。这在三纲领中叫亲民，这是三纲领中的第二纲。就八条目说，格物、致知、诚意、正心是修身的方法，齐家、治国、平天下是修身的作用。用道学所常用的范畴说，明德是体，亲民是用。除此之外，还有什么事呢？没有别的事了。若说有别的事，那也无非是把明德、亲民推行到尽善尽美的地步，这就是至善，这是第三纲。

用另一番话说，修身是个人的事，格物、致知、诚意、正心也都是个人的事。家、国和天下是社会，齐家、治国、平天下是社会的事。这两种事，不但不是对立的，而且是不可分离的。一个人如果只讲个人的事，而不管社会的事，那就是有体无用。无用的体，不能算是完全发展的体。如果只讲社会的事，不讲个人的事，那就是有用无体。无体的用，等于无源之水，无本之木。个人的发展，必须是在社会中的发展。社会的发展，必须依靠个人而发展。社会和个人融为一体，既不能分立，更不是对立。如果还用复归那个名词，可以说，这是社会的复归。

由于这两种复归，人生中有两种主要矛盾都克服了。没有矛盾，就叫和。《中庸》说："喜怒哀乐之未发，谓之中，发而皆中节，谓之和。致中和，天地位焉，万物育焉。"道学家们认为这一段话只是讲喜怒哀乐。其实可以不必加这样的限制这段话也可以理解为，借喜怒哀乐的矛盾作为宇宙间各种矛盾的一个例子。未发，就是各种矛盾的对立面还没有发展成为冲突的那种情况。这种情况叫作中。中节，就是各种矛盾在发展中各自保持一定的限度，使之不至于与它的对立面相冲突。虽有矛盾，而其对立面都不发展到相冲突的情况，这就叫中和。中和、中节，能使宇宙间各种事物各得到它们应该有的地位而共同发展。《中庸》对于中和做了具体的说明。它说："万物并育而不相害，道并行而不相悖，小德川流，大德敦化，此天地之所以为大也"。

智，不是别的，就是对于仁、义、礼的理解和自觉。凡是一种道德，都是要在自觉中进行的。如果没有一种与之相应的自觉，那就是本能，本能是各种动物都有的，而自觉是人这种动物才能有的，所以它是人之所以为人的一种特征。

道学的中的思想，是不现实的，特别对于社会来说是如此。社会中的主要矛盾都是有阶级根源的。人类社会自从进入阶级社会以后，一个社会一分为二，分为剥削的统治的阶级和被剥削的被统治的阶级。这两种阶级的对立，是为各时代的生产力所决定的，不是人的主观意识所能转移的。占统治地位的剥削阶级，用代表全社会的名义，统治、剥削与之相对立的阶级，形成了社会是人的异化的现象。社会的异化还是人造成的。像道学家所讲的，社会和个人融为一体的思想，适足为一个社会的统治阶级所利用，以进行它的牧师的职能。道学之所以成为中国封建社会的统治思想，其原因也是在于此。照它所讲的，个人好像是社会的主人，其实是使他更深陷于奴隶的地位；好像是取消异化，其实是更加深了异化。

只有在没有阶级的社会中，没有统治与被统治、剥削与被剥削的社会中，个人才能真正成为社会的主人，社会的复归才能实现。道学家所说的那种中和，只是矛盾的均衡，均衡终究是要破裂的，和是不能靠中来维持的，就好像两个超级大国的均衡，是不能靠限制武器来维持的，世界的永久和平也是不能靠这种均衡来达到的。

道学的基本特点大致如此。以下谈第二个问题。

近来研究中国哲学史的同志中，有人认为道学这个名词是"不科学的"。应该称为理学。他们认为，道学这个名词，出于《宋史·道学传》，元朝修《宋史》的写作班子，是脱脱领导的，他是一个武人，妄自制造道学这个名词，不足为训。事实是，《宋史》是元朝的一部官书并不是一部个人著作。像《史记》《汉书》那样。历代的官书，都有一个编写班子，班子的头头照例是一个朝廷大臣。这只是一个挂名的差使，书的编写并不需要他亲自指导，更不用说亲自拿笔写了。他是武人或不是武人，跟那部书并没有关系。更重要的是，道学这个名称，是宋朝本来就有的，修《宋史》的人不过是采用当时流行的名称作《道学传》，并不是他们自己妄自制造名目，立《道学传》。现在且举出几条证据。

一、程颐说:"先兄明道之葬。颐状其行,以求志铭,且备异日史氏采录。既而门人朋友为文,以叙其事迹、述其道学者甚众。"(《明道先生门人朋友叙述序》,《程氏文集》卷十一)

二、程颐说:"呜呼!自予兄弟倡明道学,世方惊疑,能使学者视效而信从,子与刘质夫为有力矣。"(《祭李端伯文》,同上)

三、程颐说:"不幸七八年之间,同志共学之人相继而逝。今君复往,使予踽踽于世,忧道学之寡助。则予之哭君,岂特交朋之情而已!"(《祭朱公掞文》,同上)

四、朱熹说:"杨氏曰:'夫子大管仲之功,而小其器。盖非王佐之才,虽然会诸侯,正天下,其器不足称也。'道学不明,而王霸之略,混为一途。"(《论语集注》《八佾》"管仲之器"章注引)

五、朱熹说:"夫以二先生倡明道学于孔孟既没千载不传之后,可谓盛矣。"(《程氏遗书》目录跋)

六、陈亮说:"亮虽不肖。然口说得,手去得,本非闭眉合眼、蒙瞳精神以自附于道学者也。"(《甲辰秋与朱元晦秘书(熹)书》,中华书局《陈亮集》280页)

七、《庆元党禁》说:"先是熙宁间,程颢(程)颐传孔孟千载不传之学。南渡初,其门人杨时传之罗从彦,从彦传之李侗,朱熹师侗而得其传,致知力行,其学大振,学者仰之如泰山北斗。而流俗丑正,多不便之者。盖自淳熙之末,绍熙之初也。有因为道学以媒孽之者,然犹未敢加以丑名攻诋。至是士大夫嗜利无耻,或素为清议所摈者,乃教以凡相与为异,皆道学人也,阴疏姓名授之,俾以次斥逐。或又为言:名'道学'则何罪,当名曰'伪学'。"(商务印书馆《丛书集成》本,14页)

八、《庆元党禁》说:"庆元四年戊午(1198)夏四月,右谏议大夫姚愈上言:'近世行险侥幸之徒,倡为道学之名,权臣力主其说,结为死党。愿下明诏,布告天下。'"(同上17页)第一、二、三条可以证明,程氏弟兄已经自称他们的学问为道学。第一条"其道学"的那个"其"字,指程颢。所以程颢死后,程颐他们私谥程颢为"明道先生"。这个"明道"之"道"即"道学"之"道"。第四条所说的杨氏,即杨时,是二程的大弟子,是把道学首先传到南方的人。这一条可以证明,程氏的门人称他们所学的是道学。朱熹在《论语集注》引杨时这一段话,可见他也是赞同道学这个名称的。第一、二、三、四条证明,在北宋时期,道学这个名称就有了,而且还是开创道学的几个人自己用这个名称的。第五条进一步证明，朱熹称这派学问为道学。第六证明，当时反对这派学问的人也称之为道学。朱熹和陈亮都是南宋的人，这两条可见在南宋时期这个名称继续流行。第七、八条出于《庆元党禁》，这是一本于南宋淳祐五年（1245）写成的书，可以证明，不仅在学术界，而且在政界，不仅私人，而且在官方，都使用道学这个名称。

有同志说，在北宋时期，在上边所引的那些史料中，所谓道学，应该是道和学，并不是一个学派的名称。也许是这样。上面所举的那些证据中，第一条中的"道学"可能是道和学，"其道学"可能是指程颢的道和程颢的学。但其余各条中的道学，这样理解似乎勉强。例如第二条说："自予兄弟倡明道学"似乎不好说是"我们兄弟倡明我们的道和我们的学"。这一点还可以进一步地讨论，不过无论如何，道学这个名称，至晚在南宋就已流行。这是没有问题的。

再从哲学的发展看，道学这个名称有其历史的渊源。韩愈作《原道》，提出了儒家的一个道统，照他的说法，儒家的道发源于尧舜，经过孔子传于孟子，孟子死后这个道就失传了。韩愈很客气，没有说他自己就是这个道统的继承人。二程则毫不客气地说，他们就是这个道统的继承人。程颐说:"周公没,圣人之道不行;孟轲死,圣人之学不传。……先生生千四百年之后,得不传之学遗经,志将以斯道觉斯民。"(《明道先生墓表》,《程氏文集》卷十一)这就是继承韩愈的说法,而自封为孟轲的继承人。道学这个道,就是韩愈《原道》的那个道。从这点看,道学这个名称可以说明一些哲学史发展的迹象。至于说到科学或不科学,一部写出来的历史书,只要跟历史的真相相符合,那就是科学的,除此以外,无所谓科学不科学。至于《宋史·道学传》中所收的人物有不少去取失当之处,那是由于编写这个传的人的门户之见,与这个名称没有直接的关系。

近来的研究中国哲学史的同志们,有用理学这个名称代替道学这个名称的趋势。理学这个名称出现比较晚,大概出现在南宋。我们做历史工作的人,要用一个名称,最好是用出现最早的、当时的人习惯用的名称。照这个标准说,还是用道学这个名称比较合适。这也就是"名从主人"。而且理学这个名称还使人误以为就是与心学相对的那种理学,引起混乱,不容易分别道学中的程朱和陆王两派的同异。只有用道学才能概括理学和心学。

道学本来是一个学派的名称,一个时代思潮的名称,并不等于唯心主义。近来有一种趋势,认为道学就是唯心主义的同义语。魏晋玄学，本来也是一个学派或一种思潮的名称。也有一种趋势，认为玄学就是唯心主义的同义语。我觉得这都是不适当的。道学家和玄学家中大部分都是唯心主义者，但不能认为道学和玄学就是唯心主义的同义语。这种认为，引起一些不必要的辩论，可谓节外生枝。

自从清朝以来，道学和理学这两个名称，是互相通用的。现在还可以互相通用。研究哲学史的人可以各从其便，不必强求统一，但如果说道学这个名称，是《宋史》的编造，不科学的，不能用的，这就是一个值得讨论的问题了。

上面所说的道学的基本特征，如果用任继愈同志的标准看，那就恰好证明，道学是一种宗教了（参看任继愈同志的《儒家与儒教》，见《中国哲学》第三辑）。我认为任继愈同志的标准以及他所用的论证，是值得商榷的。以下就转入本文的第三个问题，即儒家是不是一个宗教。

中国本来有儒，释、道显然是宗教，与之并驾齐驱、鼎立而三的儒家，似乎也一定是宗教了。这个论证，显然是值得商榷的。中国本来所谓三教的那个教，指的是三种可以指导人生的思想体系，这个教字，与宗教这个名词的意义不同。宗教这个名词，是个译文，有其自己的意义，不能在中文中看见一个有教字的东西就认为是宗教。如果那样，教育岂不就等于宗教化了吗？教育也是一个译文，有其自己的意义，不能因为宗教和教育都有一个教字，就把它们等而同之。实际上也没有人这样做。

在封建社会中，宗教是为统治阶级服务的，儒家也是为统治阶级服务的。但也不能因此就说儒家是宗教。因为一个社会的上层建筑，都是为统治阶级服务的。但是，上层建筑也分为许多部门，每个部门各有自己的特点，不能说上层建筑的一个部门。只因为它是上层建筑，就与其他部门没有分别。

任继愈同志倒也例举出了一些宗教的特点，他说："宗教都主张有一个精神世界或称为天国、西方净土。宗教都有教主、教义、教规、经典。随着宗教的发展，形成教派。在宗教内都还会产生横逸旁出的邪说，谓之'异端'。这种状况，佛教、道教都具备。儒家则不讲出世，不主张有一个来世的天国。这是人们通常指出的儒家不同于宗教的根据。"[1] 在这些特点中，有些似乎不是宗教所特有的，宗教都有教主，任继愈同志也承认教主必须具有半人半神的地位[2]。这一点我同意。但是一个思想流派是不是也可以有其自己的思想体系，有其自

---

[1] 《儒家与儒教》，《中国哲学》第三辑，第7页。
[2] 《儒家与儒教》，《中国哲学》第三辑，第9页。

己所根据的经典呢？每一个宗教都认为自己是绝对正确的，其中分为许多流派，每个流派也都认为自己是正统。这也是事实。但是一个思想流派，是不是也可以有这种情况呢？我认为，这些都是可以有的。不能说，因为有这些情况，一个思想流派就是宗教。至于说到精神世界，那也是一种哲学所应该有的。不能说主张有精神世界的都一定是宗教。如果那样说，古今中外的哲学流派的大多数都可以称为宗教了。问题不在于讲不讲精神世界，而在于怎么讲精神世界。如果认为所谓精神世界是一个具体的世界，存在于人的这个世界以外，那倒是可以说是宗教的特点。像基督教所说的天国，佛教所说的西方净土，那倒是宗教的特点。但是道学所讲的儒家思想，恰好不是这样。道学不承认孔子是一个具有半人半神地位的教主，也不承认有一个存在于人的这个世界以外的、或是将要存在于未来的极乐世界。道学，反对这些宗教的特点，也就是不要这些特点，怎么倒反而成了宗教了呢？

任继愈同志说："宗教所宣扬彼岸世界，只是人间的幻想和歪曲的反映。有些宗教把彼岸世界说成仅只是一种主观精神状态。"[①] 我想，他在这里是把我们对于宗教的分析和宗教混

---

① 《儒家与儒教》，《中国哲学》第三辑，第7—8页。

为一谈了。说宗教所说的彼岸世界只是人世间的幻想和歪曲的反映，这是我们的分析，宗教自己可不是这样说的，如果它这样说，它就不成其为宗教了。任继愈同志在下文举禅宗为例，这是不恰当的。

禅宗虽然"呵佛骂祖"，但是它的根本思想还是佛教的根本思想，那就是"超脱轮回"、"涅槃清净"。就"形神关系"这个问题说，它还是主张神不灭论。涅槃就是超脱了轮回的"神"的一种状况。从人的观点看，它是一种精神世界，一种彼岸世界。这跟道学所说的精神境界不同。精神境界是依附于一个人的肉体的，一个人的肉体如果不存在，他的精神也就不存在了，他的精神境界也就不存在了。这是一种神灭论。禅宗所说的涅槃是超脱轮回了的神的状况，一个人的肉体如果不存在了，他的超脱轮回了的神仍然存在，而且照禅宗说，存在得更好。这是一种神不灭论。所以道学和禅宗虽然在表面上有点相似，但在本质上是绝对不相同的。这个不同就是宗教和哲学的差别。

任继愈同志说："宋明理学体系的建立，也就是中国的儒教的完成，它中间经过了漫长的过程。宗教的教主是孔子，其教义和崇奉的对象为'天地君亲师'，其经典为儒家六经，教派及教法世系即儒家的道统论，有所谓十六字真传，其宗教组织即中央的国学及地方的州学、府学、县学,学官即儒教的专职神职人员。僧侣主义、禁欲主义、蒙昧主义,注重内心反省的宗教方法,敌视科学,轻视生产,这些中世纪经院哲学所具备的落后东西,儒教(唯心主义理学)也应有尽有。"① 这个辩论,好像有形式逻辑所谓"丐辞"的嫌疑。所谓丐辞,就是用所要证明的结论,作为前提,以证明那个结论。宗教必须有一个神,作为崇拜的对象,有一个教主,作为全教的首领,这是前提。这个论证,认为"天地君亲师"就是儒教崇拜的对象,那就首先应该证明,"天地君亲师"是神,孔子是个半神半人的人物,有这样的性质,孔子有这样的资格,不能首先肯定"天地君亲师"有这样的性质,孔子有这样的资格,然后以这样的肯定,证明儒教道学是宗教。在中国哲学史中,首先提"天地君亲师"作为"三本"的是荀子(见《荀子》《礼论篇》)。荀况是中国哲学史中的最大的唯物主义者,他能把"天地君亲师"说成是神吗?"天地君亲师"这五者之中,君亲师显然都是人,不是神。每一个人的亲就是他的祖先,不是像基督教所说的耶和华。如果是耶和华,那么每个人不都成了耶酥了吗?无论如何,在道学家中,有谁认真地讨论过"天

---

① 《儒家与儒教》,见《中国哲学》第三辑,第9—10页。

地君亲师"呢？没有调查，大概不是很多的。孔子的祖先世系、历史资料中都有详细的记载。他的子孙，一直到孔德成，孔氏的家谱中，也都有详细的记载。无论后世的皇帝给他什么封号，他总是个人，没有什么神秘，也没有什么可以怀疑的地方。这样的人能说是教主吗？儒家所尊奉的"五经四书"，都有来源可考，并不是出于神的启示，这样的书，能说是宗教的经典吗？这样地一考证，如果说道学是宗教，那就是一无崇拜的神，二无教主，三无圣经的宗教，能有这样的宗教吗？如果说这也是宗教，那恐怕就是名词的滥用。至于说西方中世纪的宗教的东西，道学都有，因此道学是宗教。这样地推论，也是不符合逻辑的。在形式逻辑所讲的直接推论中，不能把一个命题的主辞、客辞互相调换，由此得出新的结论。因为，在一个肯定命题中，客辞是不周延的。比如说，"凡人都是动物"，如果颠倒过来说，"凡动物都是人"，那显然是错误的。因为动物之中，包括有各种的动物，这些各种动物，除了有是动物这个大同之外，还有很多的小异。西方中世纪所有的宗教的东西，道学全有，这个命题是不是真的，还可以研究。即使是真的，也不能因此就说道学是宗教。

中国哲学的特质

在振兴中华、建设有中国特色的社会主义的伟大事业中，有些工作，我们必须要做的，就是对中国的文化遗产做一番摸底的工作，摸摸它的底。过去的中国就好像一个中落了的世家，衰败了，子孙们的生活也就感觉困难了，四邻也都来欺负。但还有家底，中国有四千多年的历史，是有一个家底的，这个家底究竟有多厚，究竟内容都是些什么，一时间也说不清楚。所以需摸摸底。这个工作，我们以前就在做，各研究机关、各大学都在做这个工作。但是，是不是已经摸着底了，还不敢说，这个底究竟是什么呢，也还不敢说。虽然有些说法，也各不相同，各人有各人的说法。所以，还须做一番综合的研究，再进一步摸摸底。我们讲习班就是要做这个工作的。请大家来，我们一起交换意见。我们这个讲习班的宗旨就是这个，文化书院成立的目的也是这个。

我先谈谈中国文化的一个特点。

中国文化有一个特点，就是对人的评价很高。人在宇宙中间占了很高的地位，人为万物之灵。中国还有一个说法，就是"人与天地参"，这个"参"就是三，与天地参就是人与天地并立为三。所谓"三才"，就是天、地、人。这话在《中庸》里说过，说是可以"赞天地之化育"，才可以与天地参。《荀子》上面也讲过，"天有其时，地有其才，人有其智，夫始能参"。天有四时，地有各种资源，人有其智，也就是人能组织社会，有各种社会制度，道德法则。这就是说，对这个宇宙天地人各有贡献，所以才称为三才。讲法在《中庸》上更为具体。在中国哲学里，无论是唯心主义的传统，还是唯物主义的传统，都认为人与天地参，这就是人和自然的关系，人在宇宙中的地位。这是中国文化的一个传统。这个传统，现在看来好像没有什么了不起，但是跟别的文化一比，就可以看出它的优点。我们说，不怕不识货，就怕货比货，就是这个意思。我们看看别的文化对人的看法评价如何。先说基督教文化，西方国家的基督教文化，基督教的《圣经》说，人的最早祖先是亚当和夏娃，亚当和夏娃全在上帝的乐园里过着平静的生活，可是后来犯了罪，上帝就把他们贬下来了，逐出了那个乐园。人类都是亚当和夏娃的后代，所以生下来都带着亚当和夏娃的罪，这个罪叫"原罪"。每个人无论现在和将来都带着原罪生活的，都是罪人。虽然上帝慈悲，派他的儿子耶稣下界，受钉十字架的苦刑，替人类赎罪，可是无论怎样赎，人的原罪总是在那里的，这是基督教的说法。照佛教的说法，人生都是带着四大苦难的：生、老、病、死。所以人生是个苦海。人的生活就是一个无边无涯的苦难的海，如来佛的任务就是把人类救出苦海。照这个说法，我们人类都是受苦的。我有个想法：基督教文化重的是天，讲的是"天学"；佛教讲的大部分是人死后的事，如地狱，轮回等，这是"鬼学"，讲的是鬼；中国的文化讲的是"人学"，着重的是人。中国哲学的特点就是发挥人学，着重讲人。无论中外古今，无论哪家的哲学，归根到底都要讲到人。不过中国的哲学特别突出地讲人。它主要讲的是人有与天地参的地位，最高的地位，怎样做人才无愧于这个崇高的地位。人在宇宙而能与天地参，就是上顶天，下立地，每个人都是顶天立地的人。在中国哲学史里，宋、明道学对这点讲得最多。所以我下面主要讲宋、明道学，讲宋、明道学的特点。

明朝有一个道学家写了一本书，叫《人谱》。人照着这个谱去做，就可成为顶天立地的人，无愧于与天地参的人。宋、明道学现在也称宋、明理学，理学、道学这两个名称指的是同一回事。

现在离开宋、明道学,讲一点一般人生的问题。我们人虽然是三才之一,但在人生中间有些问题上仍有矛盾。我们虽然不是罪人,可是生活中不是一帆风顺的。人生中间的这些矛盾,要是一条一条细说,那就很多了,我们把它们归纳为两类矛盾。一种是一般和个别(特殊)的矛盾。我们说"这个桌子",这就是个别的,指的不是别的桌子;我们说"桌子",则是一般的桌子。"这是桌子"这句话就把一般和特殊联系起来了,统一起来了。这个联系并不是我说到这一命题才联系起来的,它们本来就是联系的,"这是桌子",在说之前,它本来就是桌子了。首先要了解一般和特殊的不同。这是桌子,这是椅子,这是黑板,这一类话我们每天都说很多次。对于它的意义,一般人是不注意的。"桌子"就是一般桌子,但是"这个桌子"除了一般性质之外,还有很多性质,如它是家具,是木头的,等等。如果说"它是桌子",这些特殊性就可以不理了。我讲哲学,向来要求分清这些。一个人学哲学,能分清一般和特殊,才算是入了门。因为我总是这样讲,有一次一个朋友就跟我开玩笑,他说有一个关于柏拉图的笑话。柏拉图注重一般。有一天柏拉图叫一个奴隶上街去买面包,那个奴隶去了半天却空手回来了,他说街上只有方的面包、圆的面包,而没有只是面包的面包。柏拉图就叫他去买方的面包。过一会儿，奴隶又空手回来了，他说街上没有只是方的面包，街上只有黑色的方面包，白色的方面包，黄色的方面包。柏拉图就说，你买方而黄的那种吧。结果奴隶去后又空手而归，柏拉图叫他去了好多次都没有买来。作为特殊的面包，它的属性是很多的，大的，小的，长的，短的，方的，圆的，黑的，黄的，等等，可以多到不知多少，个把钟头也说不完。照这个说法，柏拉图就没有面包吃，就会饿死。朋友说我也是光讲一般的面包。我也听说过一个故事，是说一个先生给学生讲"吾"字。先生说，"吾"就是我。学生回家后，父亲问他，你今天学了什么？学生说："先生给我讲了一个吾字。"父亲问："'吾'是什么意思？"学生说："'吾'就是先生。"父亲大怒，说："'吾'就是我。"学生记住了。第二天到学校就说："'吾'是我爸爸。"先生大怒说："'吾'是我！"学生也不敢再问了，心想究竟"吾"是先生呢？还是爸爸呢？学生心里纳闷，先生也很苦恼。因为他不管教谁，都得说"吾"是我，可是学生都把"吾"当成讲的那个人，再也弄不清了。这个简单的问题变成了很难的问题了。不过人毕竟是万物之灵，我们在实际生活中还没有遇到过这个问题。在一般情况下说这是桌子，一般人都知道，除了这个桌子之外还有别的桌子。可是有一些人认为，不能讲一般，你讲一般就是唯心主义，只有唯心主义才敢讲。所以，我在讲习班上印的那个提纲上面就说，在哲学和一般生活中都须讲一般和特殊。看了《谈谈辩证法问题》里面讲马克思的《资本论》那一段，就会清楚。

"这个桌子"，是认识论的最基本的问题。毛主席的《实践论》中讲的也是这个问题，人的认识是从感性认识到理性认识，感性认识跟理性认识的主要区别在于什么地方呢？就在于感性认识认识的是特殊，只能认识特殊（就是这个桌子），而理性认识认识的是一般的认识桌子。从感性认识到理性认识是一个飞跃。在《矛盾论》里面，有一句话，"一般寓于特殊之中"。关于一般和特殊的问题，是有唯心主义和唯物主义的斗争的，主要问题不在于讲一般或不讲一般，而在于讲一般和特殊的时候，有唯心主义和唯物主义的区别。"一般寓于特殊之中"，就是唯物主义的正确讲法。我写了这个参考书，参考文件，表面上看，好像是跟这个大学没有关系，但是生活里就是要弄明白，先讲一般和特殊的区别，并不就是唯心。这个话说起来又该扯远了。我们人生中间有一种矛盾，就是一般和特殊的矛盾。因为每一个人，既然是一个人，就是一个特殊。就与这个桌子，那个桌子一样是个特殊。可是凡是一个特殊，它总该有很多性质吧？那个性质就是一般。人生中间，每个人都是一个特殊。我是一个特殊，你是一个特殊，我们的特殊都有许多性质，那个性质就是一般。一般和特殊之间有些矛盾，这就是头一种矛盾。比如说吧，我是一个人，这是个特殊，这个特殊就是我的身体，而我是人，这个人，则是一般的。人的一般里面包含什么内容呢？就包含"天、地、人三才"，与"天地参"等等的内容。我的特殊是不是可以同与天地参的顶天立地的那个一般相适应相符合呢？这是个矛盾。我们的一生，有些作为是从特殊出发的，有些是从一般出发的，在这中间就有矛盾。道学讲有些思想行为是从躯壳上起念的。这一类矛盾，一般地看是文学作品上讲的灵与肉的矛盾。第二种矛盾就是主观与客观的矛盾。每一个体都是以它自己为主，以外界为客。这就发生了主观与客观的矛盾。小孩子一落地就觉得外界有一个与他不同的东西，这就是主观和客观的矛盾。不管小孩子清不清楚，主观有认识客观的问题，有适应客观的问题，这是又一类矛盾。总而言之，人生中间的矛盾分这两大类。这是个总括的说法。其余小矛盾一条条多得说不完，归结起来就是这两大类。对于这两类矛盾，解决的办法有三条路，一条是从本体论入手的路，第二条路是从认识论入手的路，第三条路是从伦理学入手的路。从本体论入手的路在西方哲学里面的代表人物就是柏拉图。柏拉图是从几何学得到的启示。几何学中有各种各样的定义，什么叫方，什么叫圆，等等，这些定义就是方的一般，圆的一般，是绝对的方和绝对的圆。柏拉图说：绝对的方和圆是理念，只有方和圆的理念才是真正的方和真正的圆。我们实际的方和圆都是那个理念的摹本，摹本总是比不上原本，因为摹的时候总要差一点。他这样一分，就把世界分成两个了。一个是理念的世界，那里有绝对的方，绝对的圆，是真正的原本。另一个是我们实际的世界，有实际的方，实际的圆，这里都是摹仿理念的。它既然是摹本，就总要差一点。这就是我方才说的唯心主义唯物主义的问题，因为柏拉图认为理念不在实际世界之中，跟世界对立起来，他的这个理论是唯心主义的，不过他有的想法不能算错，例如那绝对的方，绝对的圆等几何学上的定义，是我们实际生活上用的一种批评的标准，也是一种实践的标准。比如，我们在黑板上画一个圆，大家一看说不像个圆，或者说很不像个圆。这个是批评，这个批评有个标准，要没有标准，那批评也就没有意义了。这个标准就是几何学上的定义。这个定义是批评的标准，实践的标准，我们照几何上的定义来制造圆的东西或者方的东西，如果觉得哪一点不很方不很圆，就能照那个标准去改，去纠正。所以，他讲的不能说没有意义，是有意义的。不过他把那些标准都说成另一个世界,那是唯心主义的。实际的东西总不能完全与标准相合,因为实践做这些东西总要靠一种工具,那个工具和材料总也都是实际的东西,并不是完美无缺的。所以实际的圆,都受实际材料的限制,比如黑板上画的那个圆,由于黑板不是很平,粉笔粗糙,因此不完全圆,总要受材料的限制和累赘。方才有个同志写了个条子,说中国哲学里讲的那个"气",在西方哲学里和它相当的是什么字。这个"气"笼统地说来就是材料,都是和标准相对应的材料,你用这个材料制成个圆的东西,它就不会是个真正的圆,它就不会和标准完全相合。这个"气",照有些人的说法就是一般说的材料,这个在希腊哲学里就是material。这是一个比较抽象的说法,中国哲学上的这个气有时候是指像空气一样的细微的物质,各家的用法不同,所谓比较抽象的用法就是材料。至于作为实际东西像空气什么的,在西方哲学里就没有相对应的字了。一般的翻译就只能拼音了。柏拉图是从本体论着手,讲一般和特殊的矛盾,可是结果呢?他把这个矛盾讲清楚了,怎样解决这个矛盾呢?他却没讲,而且,把他的原则用到社会上来,矛盾就会越来越大。照他的说法,一个人有种种欲望,这些欲望都是下等的东西。人还有一些思想,就是那些标准什么的,那些才是上等的。再推到社会上,推到当时的奴隶社会上,奴隶就是社会里的下等人，只有低级的欲望。奴隶主是上等的人，都有人的理想什么的，这样一讲，就把矛盾扩大了。他的贡献呢？就是把这类矛盾讲清楚了；结果呢？他把这个矛盾更扩大了。没有解决这个矛盾。这就是从本体论入手的那条路。

主观和客观的矛盾，人是个主体，世界是个客体。人在认识外界的时候，总要经过他自己特有的一种能力，这个能力中间有他自己的形式和范畴，就是说，要经过他自己的那个性质的范畴。所以康德他说认识的那个外界就仅仅是一种现象。至于那个现象的本体是什么，本来的面目什么样就不知道了。那个本来面目"物自身"，物的自身是什么样，是永远也无法知道的。有人说，康德讲的那个"物自身"是不可知论。有人说他的不可知是"尚未知"，"我们现在不知道，将来会知道的"，这就不是从康德的前提出发的了。康德的前提是：物质是不可知，不是尚未知。因为在知它的时候，人总要通过自己主观的套子。你主观的套子是不能够变的，所以物质永远不能知道。好像人戴着有色眼镜，这些人看外界就是那个颜色，戴红色眼镜看外界就是红色。你可能说我把眼镜摘下来看看世界究竟是什么样子，眼镜是可以的，可是康德讲的那个认识的形式可不行。这是他的《纯粹理性批判》里面讲的道理。所以主观和客观有一条界限是永远跳不过去的，永远有个隔阂。不过在他的《实践理性批判》里说，对这个问题也不能那么悲观。从认识上说，物质是永远不能知道的。不过人从道德行为这一方面谈，倒不完全是没希望，也不能那么悲观。按照康德说的，在讲到道德的时候，有一个最高的人生原则什么的，就是说你要想知道你的行为是不是守道德的，有一个尺度，有一个标准可以用，那就是想想你的行为，可不可以作为一个公律，一个公共的规律，可不可以放之四海而皆准，如果能的话它就是道德的，如果不能就不行。这是他讲的道德的最高标准。其实这个标准就是没有学过康德的人也会承认。我们看见一个人做了什么坏事，就可以对他说：你这样做不对，如果人人都像你这样，那结果就不堪设想了。比如一个人坐公共汽车，他不买票，售票员和他讲理，说我这里是公共汽车，就是靠卖票维持的，如果每个乘客不买票，也就没有公共汽车了。这其实就是康德说的那个最高标准。我们说杀人不能作为一个道德规律，因为人人互相残杀，就没有社会了，就没有人了。偷东西不能算道德的行为，因为如果人人都靠偷东西来生活，那就没人生产了，那个社会就不存在了。所以，他这个标准也不能算是他的发现，因为我们每天都在利用。1952年，我参加了一个代表团到印度访问。一位印度朋友问我，他说你们社会主义把劳动者都解放了，那就没人劳动了，大家都不劳动怎么办？我说：社会主义不是人人都不劳动，而是人人劳动，这就是社会主义比资本主义道德上的优越性。社会主义可以叫资本家都成为劳动者，人人都劳动，可是资本主义社会不能叫人人都成为资本家去发财，因为人人都是资本家就没有资本家了。所以康德的这个规律就是我们经常用的规律。我想孔子讲的那个忠恕之道实际上也是这个意思。一个行为你不知该不该做，你就可以看看能不能把它推而广之。能推而广之就行，否则就不行。实际上这是一个道理，不过在这一点上，可以看见一个打破主观与客观之间界墙的希望。照康德讲的实际上就是"自我之法"，自己给自己定的法律。自我之法就是要扩大那个主观，把主观扩大到包括客观。那么一扩大，就打破了主观与客观的界限。一个人作为一个个体，他总是可以自我为主，可是自我之法就不是以自我为主，可见人类的个体主观之外，还有一个什么力量，他说这就是那个超乎主观之上的力量。从这个地方，就可以看出是有三件事情。一个是上帝存在，一个是灵魂不死，一个是意志自由。我的主观总是要包括我的主观利益。我的自我之法要否定我的主观，可见这个意志就不是受主观与特殊的影响，这个意志就很自由的。他们由此可以推出，除了肉体之外，还有灵魂，还有上帝。

康德这样讲了，这只不过是个橱窗，一个窗户。从这里面，可以稍微望见里面的什么东西。可是窗户总是在那儿，隔阂总是在那儿，这是他认为没有办法的，所以那个东西是个彼岸。我在这个岸上可以望见那个岸，可是永远也达不到那个岸。康德有点像柏拉图，主观与客观的矛盾讲得很明确，可是没有办法来解决这个矛盾。虽然他提示了一点，可是他总认为是不能解决的。这就是从认识论入手的那条路。

中国的道学家是从伦理学下手的。一方面似乎可以说，它是继续康德的路，把康德的说法推到它的逻辑结论。不过这不能从时间上说，从时间上说，他们在康德以前。康德想了这个办法，可是没有进行到底。而道学家对这个问题进行到底了。道学家认为既然有一个窗口可以看到里面的情况，那就把这个窗户扩大，甚至不要窗户，推翻界墙，问题不就解决了吗？当然就解决了。这个就是王阳明说的那个致良知了。王阳明说，人人都有一个良知，他看见好的就知道是好，看见事物不好的，他就知道是不好的。这是人人如此的。问题是致良知，把一般的良知扩大起来，把窗户扩大，甚至把墙拆掉，实际上就是这个问题。这都是从道理上说，不是就时间说，按时间说就不对了。主观和客观之所以有界限、有矛盾，按道学的说法，就是有些思想行动是从"私"字开始的，是从躯体上起念，从肉体上起念的,为我个人的利益而做的,就是一个"私"字。跟"私"相对的是"公"。从"私"出发的思想行动就是为"利",从"公"出发的就是"义",主要差别就是利与义的分别。要是把私去掉,一切都为公,那你就跳出了特殊的范围了,就不为特殊所限制了,就与一般一致了。所以道学家所说义和利的分别就是公和私的分别。从义出发的都是道德的,从公出发的都是道德的,那叫义。从私出发的都是不道德的,那叫利。所以道学家都反对利。有些人认为利就是指的物质利益,所以道学家反对利,就是轻视物质利益。这个看法不对,问题不在于"利"是不是物质利益,而在于你为什么去求那个物质利益。你要是为了私利去追求物质利益,那就是"利";要是为公去求,那就是"义",而不是"利"。为公求利,就是我们现在说的为人民服务,为人民做好事。有些人对利的了解不够全面,比如说在我们社会主义里边,有全民所有制企业,它的经理说,我办的是社会主义企业,我们不应该像资本家那样精打细算,我不是为利,我是算政治账,我不算经济账。这个想法有问题。你当个社会主义企业的经理,应该精打细算,使你的企业赚钱而不赔钱,叫你的企业增加经济效益,这是义,不是利,这并不是为个人的打算,这正是义。你办的社会主义企业,不精打细算,办得企业赔钱、关门,把人民给你的资本都赔光了,这是什么政治账?你办一个企业,你就须精打细算,讲经济效益,赚钱,叫你的企业办得活起来,这是义,不是利。所以道学反对的不是物质利益而是私利,就是反对"私"。道学家说的义和利的分别就是公和私的分别,你为公就是义,为私就是利。你做生意把企业办好,给国家赚钱,给人民做好事,这是义。这个问题必须这样论证才行。所以归结起来,道德和不道德的分别就是"公"和"私"的分别。就是"义"和"利"的分别。你要是什么事都为公,就超出了你的个体了。超过个体的范围了,就把主观和客观的界限打破了,解决了这个矛盾,那也就解决了一般与特殊的矛盾,特殊就是私,把私去掉,矛盾就解决了。所以中国道学是从逻辑、从理学下手的路。这条路能把两种矛盾都解决了,解决的方法就是去"私",把"私"字打破了。照道学家的说法,"义"上面还有"仁",仁义礼智的那个"仁"。这个"仁"同那个"义"有同有异。同的是都是去"私","仁"是爱人,想到自己也要想到别人。这也是要跳出"私"的个体的范围,这是一样的。所不同的是"义"是道德的原则,而"仁"不仅是道德的原则,还是一个精神境界。"义"是单纯的原则,而"仁"里面包括爱,所以"义"看起来是冷冰冰铁面无私的东西。"仁"看起来就不是这样,而有点热乎乎的味道。因为爱都带着热，所以现在讲到爱都用热爱两个字。因为爱里有热的因素，它是一个精神境界。道学讲，仁比义又高一层，或者说更全面一点，因为它不仅是道德原则，也是一个热的精神境界。道学家讲哪个地方麻痹了的感觉，叫麻木不仁。为什么叫不仁呢？就是因为这一部分和身体的别的部分失去了联系。中医说就是气不相关了。这一部分发生了问题，也感觉不到疼痛、痛痒，就是这一部分和别的部分不是息息相关，不联系了。道学家说，不仁就好像一个人麻痹了，跟外界都没有气息相通了。按道学讲，最高的品质就是仁，人和仁声音都一样，所以这两个词可以互相定义，有的书说："人者仁也。"也有的书说："仁者人也。"这两个字一致。清朝末年，戊戌变法的思想家谭嗣同写了一部书，叫《仁学》，仁学就是人学，就是讲怎样做一个真正的人，顶天立地的人，有与天地参的人的最高品质。他的书起名为《仁学》。所以道学的仁学，就是人学，这好像是中国哲学的特点。一提到仁字，有些人不了解，就认为是一种庸庸碌碌，婆婆妈妈的老好人、和稀泥的人，那一种人是有的，任何时代都有。孔子、孟子时代都有。可是孔子、孟子最讨厌那种人，把那种人叫"乡愿"。那种人像仁，可又不是。那种人，能够以假乱真。所以孔子说："乡愿德之贼也。"孟子说："恶莠恐其乱苗也。"莠就是杂草，有点像庄稼苗，容易混淆，所以特别可恶。还说："恶紫之夺朱也。"朱是红，红的颜色是好的。别的颜色不是红，也表现出来不是红，只有"紫"讨厌，它有点儿像"红"可并不是红。"乡愿"那种人特别可恶，真正的仁人肯定不是那种婆婆妈妈的人。孔子说："有杀身以成仁，无求生以害仁。"真正的仁人，是个拼命的事，遇到紧要关头，宁可牺牲自己的身体，也不牺牲那个原则，斗争性是非常强的，哪是婆婆妈妈和稀泥的那种老好人呢？后来孟子讲浩然之气，这个浩然之气就是仁。浩然之气至大至刚，不是软弱可欺，和稀泥，庸庸碌碌的。文天祥①的《正气歌》就是讲浩然之气，浩然之气是人们的一种精神境界。"天地有正气，杂然赋流形，下则为河岳，上则为日星，于人曰浩然，沛乎塞苍冥。皇路当清夷，含和吐明庭，时穷节乃现，一一垂丹青。"他举的例子有，"或为《出师表》②，鬼神泣壮烈；或为渡江楫③，慷慨吞

---

① 文天祥（1236—1283），字履善，一字宋瑞，号文山。吉州庐陵（今江西吉安）人。1275年奉诏勤王，起兵抗元。1278年兵败被俘，数年后不屈而死。在狱中写的《正气歌》对后人影响极大。有《文山先生全集》二十卷。

② 《出师表》是指诸葛亮北伐中原前上的《前出师表》，有"庶竭驽钝，攘除奸凶。兴复汉室，还于旧都"等语。

③ 渡江楫：《晋书·祖逖传》载：东晋初年，祖逖北伐。"渡江，中流击楫而誓曰：'祖逖不能清中原而复济者，有如大江。'"

胡羯","为严将军头①,为嵇侍中血②,为张睢阳齿③,为颜常山舌④"。这些都是拼命的事。后来他总结说:"是随所磅礴,凛烈万古存,当其贯日月,生死安足论!"这是一种忘我的精神境界,当它贯日月的时候,个人的生死就不在话下了:那就真正跳出了个体的范围,是气势磅礴,万古长存。世界上还不止万古。这个万古就表示永恒,永恒并不是长时间,而是超时间,没有时间。这个时候,个体的生死就不足论,完全超出了个体的范围。超乎个体的范围,这是一种精神境界,在这个精神境界里,主观和客观的矛盾就没有了,一般和特殊的矛盾也没有了,都解决了。这就是中国哲学讲的最高精神境界。我开的参考书最后一本是我的《中国哲学史新编》的那个"绪

---

① 严将军头:《三国志·蜀书·张飞传》载:张飞生擒刘璋部将益州牧严颜,"呵颜曰:'大军至,何以不降而敢拒战?'颜答曰:'卿等无状,侵夺我州,我州但有断头将军,无有降将军也。'……飞壮而释之,引为宾客。"

② 嵇侍中血:《晋书·嵇绍传》载:侍中嵇绍从惠帝战,"败绩于荡阴,百官及侍卫莫不散溃。惟绍俨然端冕,以身捍卫,兵交御辇,飞箭雨集,绍遂被害于帝侧,血溅御服,天子深哀叹之。及事定,左右欲浣衣,帝曰:'此嵇侍中血,勿去。'"

③ 张睢阳齿:《旧唐书·张巡传》载:安史之乱时,张巡守睢阳(今河南商丘),"巡神气慷慨,每与贼战,大呼誓师,眦裂血流,齿牙皆碎……"

④ 颜常山舌:《新唐书·颜杲卿传》载:安史之乱时,杲卿为常山太守,起而讨贼,被俘至洛阳,大骂不止。"禄山不胜忿,缚之天津桥柱,节解以肉啖之,詈不绝,贼钩断其舌,曰:'复能骂否?'杲卿含胡而绝,年六十五。"

论"。"绪论"里讲,哲学就是叫人能够得到一种最高的精神境界。像《正气歌》所说的那种精神境界,那就是中华民族的精神境界。还有一点,要想达到这个精神境界,要做些什么功夫,做些什么事。这一点又是道学的特点了。这个答案就是不需要做什么,也不需要你吃斋,也不需要你念佛,也不叫你出家,也不需要做别的什么事,就你平常的那些工作,那些事。不过你做的时候要总想着去掉"私",做的不是为"私",是为"公"。每做一件事都要去私为公。这个就是去掉私欲。有些人说这个道学就是反对欲。这么讲的是柏拉图。道学讲的是反对私欲,是反对私,不是那个欲。譬如:人生中间有男女关系,道学并不反对,它只反对不正常的男女关系,那就是"私"了,是私欲。至于正常的男女关系,是夫妇结婚,这不是欲而是礼。这是夫妇之伦。

还有一个问题,我们要研究道学,怎么研究法。我认为要看你的目的怎样。你可以把它当成一种学术研究,做一篇学术论文,可以是硕士论文,也可以是博士论文。那就跟别的学术研究一样,查资料,分析概念,考据文字。你要是真正研究道学,那么,光查资料,分析概念,讲文字就不行了。像毛主席说的,你要想知道梨是什么滋味,你就咬它一口,这是个实践的问题,不是理论问题。恐怕咬它一口还不行,得把它吃掉。

恐怕吃一个还不行，还得继续吃。你要想学游泳，光看书不行，你要跳进水里去游才行。你要想学滑冰，就得穿上冰鞋去冰上练。你要想学骑自行车，你就得练。光凭看书查资料是不行的。道学的特点要是用一句简单的话来概括起来，就是解决了我说的那两大矛盾。解决的时候并不需要做什么别的事，不需要吃斋，念佛，出家，上礼拜堂，就是在你的日常工作中。有一个道学家对他的先生说："我很想学道学，可是我没工夫，没时间。"先生说，谁要求你用特别的时间来学，就是你平常所做的事情。你在那里边就可以学到。你在那里边想着"去私"就行了。也不需要有什么特别的机会，特别的条件。并不是说要有一定的政治地位才可以，完全不需要。也不是说：你得有什么特殊的才能。这是道学的特点。这个特点我以前用《中庸》里的一句话来概括："极高明而道中庸。"它非常高明而办法却非常平凡，也就是我们现在常说的，在平凡的岗位上做不平凡的事。也可以说，在平凡的生活中过不平凡的生活。概括起来就是这样：不需要特殊的机会和才能。这就是中国哲学的特点。

（这是冯友兰先生1995年在中国文化书院举办的讲习班上所做的一个讲演，冯先生时年90岁。收入中国文化书院讲演录第一集《论中国传统文化》，1988年1月出版）

哥伦比亚答词

索尔云校长,狄百瑞教授,女士们,先生们:

我很感谢我的母校给予我的荣誉,我很高兴。我在1920年春进入哥伦比亚研究生院,1923年夏通过了哲学博士学位的最终考试。由于我的博士论文当时还没有出版,我没有参加1923年授予学位的仪式。我的博士学位是在1924年我已经回到中国以后正式授予的,所以未能亲自接受文凭。我在1923年、1924年未能得到的机会,我的母校今天给我补上了。

现在,在将近六十年之后,我又终于回到了哥伦比亚。我到此以后,感慨万端。我看到母校已经惊人地发展了;也看到校园犹是,人事全非。我的老师杜威教授、伍德布里奇教授、蒙太格教授都不在了,但是他们的音容,他们对我的教诲和帮助,我依然记忆犹新,历历在目。

我在这里当学生的时候,曾申请一项奖学金。为这件事我请求杜威教授写一封推荐信。他立即写了一封很长的信，信的最后一句说："Mr.Fung is a student of real scholarly calibre."（冯君这个学生是一个真正学者的材料。）我没有得到这项奖学金，但是这句话使我获得鼓舞和信心。倘若杜威教授今天还在，看到这个学生还没有完全辜负他的赞许，也许会高兴吧。

六十年是个很长的旅程，我这个旅程充满了希望和失望，成功和失败，被人理解和被人误解，有时居然受到赞扬和往往受到谴责。对于许多人，尤其是海外人士，我似乎有点令人困惑不解。让我借这个机会说说我的旅程的性质，或许能够澄清令人困惑不解的地方。

我生活在不同的文化矛盾冲突的时代。我的问题是如何理解这个矛盾冲突的性质，如何处理它们，以及在这个矛盾冲突中何以自处。

我第一次来到美国正值我国五四运动末期，这个运动是当时的不同的文化矛盾冲突的高潮。我是带着这些问题而来的，我开始认真地研究它们。为了解答这些问题，我的思想发展有三个阶段。在第一阶段，我用地理区域来解释文化差别，就是说，文化差别是东方、西方的差别。在第二阶段，我用历史时代来解释文化差别，就是说，文化差别是古代、近代的差别。

在第三阶段，我用社会发展来解释文化差别，就是说，文化差别是社会类型的差别。

在1922年，我向哲学系讨论会提交一篇论文，题为《为什么中国没有科学》，后来发表在《国际伦理学杂志》上。我在这篇论文中主张文化的差别就是东方、西方的差别。这实际上是当时流行的见解。可是待我一深入研究哲学史，就发现这种流行的见解并不对。我发现，向来认为是东方哲学的东西在西方哲学史里也有，向来认为是西方哲学的东西在东方哲学史里也有。我发现人类有相同的本性，也有相同的人生问题。这个看法后来就成为我的博士论文的主要论题。我从中国哲学史和欧洲哲学史中选出实例，证明我的论点。这个论题及其例证就构成我的博士论文，于1924年出版，题为《人生理想之比较研究》。

这部书虽然否定了对于不同文化矛盾冲突的流行的解释，但是也没有提出任何新的解释来代替它，这种新的解释却蕴含在我后来的著作《中国哲学史》里。这部书也许是一部较有学术价值的著作，多谢卜德教授的翻译，使它得以广泛流传。这部书没有按照传统的方法把历史划分为古代、中古、近代等三个时代，而代之以另一种分法，把中国哲学史划分为两个时代，即子弟时代、经学时代，相当于西方哲学史中的古代、中古时代。这部书断言：严格地说，在中国还未曾有过近代哲学，但是一旦中国实现了近代化，就会有近代中国哲学。这个论断含蓄地指明，所谓东西文化的差别，实际上就是中古和近代的差别。

但是中古和近代这两个词的内容是什么呢？不久我开始认识到，中古和近代的差别实际上就是社会类型的差别。西方国家从社会的一种类型到另一种类型的转变，比东方国家早了一步。这一步的关键是产业革命，产业革命之前，生产以家庭为本位。产业革命之后，由于采用了机器，生产社会化了，就是说，它规模扩大了，由很大的人群进行，而不是由分散的家庭进行。在40年代我写了六部书，其中有一部的副题是"中国到自由之路"①。我在这部书中指出，这条路就是近代化，而近代化的主要内容就是产业革命。

在40年代，我开始不满足于做一个哲学史家，而要做一个哲学家。哲学史家讲的是别人就某些哲学问题所想的；哲学家讲的则是他自己就某些哲学问题所想的。在我的《中国哲学史》里，我说过，近代中国哲学正在创造之中。到40年代，我就努力使自己成为近代中国哲学的创作者之一。我开始认为，

---

① 指《新事论》。

要解释不同文化的矛盾冲突，无论是用地理区域还是用历史时代就不如用社会类型来得令人满意，因为前两种解释不能指出解决的道路，而后一种解释正好指出了道路，即产业革命。

接着中国革命胜利了，革命带来了马克思主义的哲学。绝大多数中国人，包括知识分子，支持了革命，接受了马克思主义。人们深信，正是这场革命制止了帝国主义的侵略，推翻了军阀和地主的剥削和压迫，从半封建半殖民地的地位拯救出了中国，重新获得了中国的独立和自由。人们相信马克思主义是真理。

有人说这是以实用主义的态度对待真理。中国人民不接受这种责难。至于我本人，我不是完全的实用主义者，虽然约翰·杜威是我的老师。我不认为实用主义揭示了真理的实质，但是我认为实用主义提供了发现真理的一种方法。真理的实质是主观概念与客观事实相符合。但是人总是人，人怎样知道哪个概念是符合客观事实的呢？只有用实践和实验来检验。这是个公开的秘密。这个方法，所有的人在日常生活中都在使用。杜威教授的《怎样思想》一书中列举了大量实例来说明这一点。中国人民，包括知识分子，不过是使用了这种常识的方法罢了。

不管怎么说，在50年代，中国共产党的威信是很高的，这不仅在政治方面，更为重要的是也在道德方面。知识分子们，为革命的胜利所鼓舞，一齐努力，帮助建设新的社会主义社会。我自己的努力是修订我的《中国哲学史》。这个修订本只出版了头两册之后，我又感到修订得连我自己也不满意。我又着手修订修订本，但是在它即将付印之前，我发现这个修订修订本又必须重新再写。这一次，我完全从头开始重写。三十年已经过去了，就这样修订、重写，还没有出版定本。这样拖延，固然一方面是由于非我所能控制的原因，可是我必须说明，也是由于在许多论点上我还在踌躇，没有做出最后的决定，我一直在左右摇摆。踌躇摇摆，因为这实际上是一个如何解决不同的文化之间的矛盾冲突的问题。这个问题又进一步表现为如何继承精神遗产的问题。50年代中期我就提出这个问题，一时讨论得很激烈。

最简单的解决办法是简单地宣布：过去的哲学都是为剥削阶级服务的，因而毫无继承的价值。现在应当不管过去，只当它并不存在。现在应当从零开始，一切都要重新建立。这种观点显然在理论上过分简单化，在实践上也行不通。过去的存在是一个客观事实，任何主观的观点都无法抹杀它。持这种观点的人不懂得，现在是过去的继续和发展。高一级的社会类型取代了低一级的社会类型，正像汽船取代了划艇。汽船取代了划艇，但是它的制造和运行所依据的一般原理，却与划艇所依据的相同。划艇的经验和实验都是汽船的基础。在这个意义上，汽船是划艇的发展，这正是"发展"一词的真谛，发展过程是一种辩证的运动。用黑格尔的术语说，就是肯定，否定，否定之否定。换言之，就是正，反，合。这样的合，包括了正、反的一切精华。在这个意义上，现在应当包括过去的一切精华。这是解决不同的文化矛盾冲突的自然方式。这种解决应当是黑格尔称之为"奥伏赫变"①的过程。这的确是一种很复杂的过程，是与简单化针锋相对的。

这就是我现在理解的历史发展的意义。本着这种理解，再来修订我的著作《中国哲学史》，我就不再踌躇摇摆了。

通观中国历史，每当国家完成统一，建立了强大的中央政府，各族人民和睦相处的时候，随后就会出现一个新的包括自然、社会、个人生活各方面的广泛哲学体系，作为社会结构的理论基础和时代精神的内容，也是国家统一在人的思想中的反映。儒家、新儒家都是这样的哲学体系，中国今天也需要一个包括新文明各方面的广泛哲学体系，作为国家的指针。总的说来，我们已经有了马克思主义和毛泽东思想。马克思主义会变

---

① "扬弃"一词的音译（aufheben）。

成中国的马克思主义,毛泽东思想还会发展。中国的马克思主义,这个名词有些人会觉得奇怪。其实它久已存在,这就是毛泽东思想。毛泽东思想的定义就是马克思主义普遍原理与中国革命实践的结合。既然与中国革命实践结合了,那就是"中国的"马克思主义,而不仅是"在中国的"马克思主义。这场革命的前几个阶段,这种结合做得很好,关于无产阶级领导农民武装暴动的理论,关于乡村包围城市的理论,都是这种结合的好例。以这些理论为基础的种种战略引导革命走向了胜利。只是在以后的几个阶段,这种结合就做得不那么好,后来更遭到"四人帮"这些阴谋家的严重歪曲,于是出现了极左政策,即所谓"文化大革命",其后果大家都很了解。最近几年拨乱反正,正在努力恢复这种结合。

马克思主义有三个来源,其一就是德国古典哲学。为现代中国服务的包括各方面的广泛哲学体系,会需要中国古典哲学作为它的来源之一吗?我看,它会需要的。我们应当为这个广泛的哲学体系准备材料,铺设道路。我的意思决不是从古典哲学家著作中寻章摘句,编成原始资料汇编。一个哲学体系不是一个拼凑的东西。哲学是一个活东西,你可以用预制的部件拼凑成一部机器,但是不能拼凑成一个活东西,连一个小小的昆虫或一片草叶这样的活东西也拼凑不成。你只能向活东西供给营养，让它自己吸取营养。在目前情况下，我感到，我的《中国哲学史新编》有一项新的任务。它应当不仅是过去的历史的叙述，而且是未来的哲学的营养。

这个新的广泛的哲学体系出现了，不同的文化在中国的矛盾冲突也就解决了。当然还会有新的矛盾，但那是另一个问题。

这是一个终结。以前的处理不同文化的种种努力都不过是一个开始。我们现在的努力虽不是终结的开始，但它可以是开始的终结。

我经常想起儒家经典《诗经》中的两句话："周虽旧邦，其命维新。"就现在来说，中国就是旧邦而有新命，新命就是现代化。我的努力是保持旧邦的同一性和个性，而又同时促进实现新命。我有时强调这一面，有时强调另一面。右翼人士赞扬我保持旧邦同一性和个性的努力，而谴责我促进实现新命的努力。左翼人士欣赏我促进实现新命的努力，而谴责我保持旧邦同一性和个性的努力。我理解他们的道理，既接受赞扬，也接受谴责。赞扬和谴责可以彼此抵消。我按照自己的判断继续前进。

这就是我已经做的事和我希望我将要做的事。

话说回来，在这个仪式上，我深深感到，母校给予我的荣誉不单是个人荣誉。它象征着美国学术界对中华民族学术的赞赏。它象征着中美人民传统友好关系的继续发展。这种发展正是中国人民的共同愿望。

我谢谢诸位。

（1982年9月10日在美国哥伦比亚大学授予名誉人文博士学位的仪式上的答词。原文用英文，载于美国哥伦比亚大学《人文中心专集》，为1982年9月授予冯友兰教授荣誉博士学位的专号，涂又光译成中文）

国家新闻出版广电总局
首届向全国推荐中华优秀传统文化普及图书

大家小书书目

国学救亡讲演录	章太炎 著 蒙木 编
门外文谈	鲁迅 著
经典常谈	朱自清 著
语言与文化	罗常培 著
习坎庸言校正	罗庸 著 杜志勇 校注
鸭池十讲（增订本）	罗庸 著 杜志勇 编订
古代汉语常识	王力 著
国学概论新编	谭正璧 编著
文言尺牍入门	谭正璧 著
日用交谊尺牍	谭正璧 著
敦煌学概论	姜亮夫 著
训诂简论	陆宗达 著
金石丛话	施蛰存 著
常识	周有光 著 叶芳 编
文言津逮	张中行 著
经学常谈	屈守元 著
国学讲演录	程应镠 著
英语学习	李赋宁 著
中国字典史略	刘叶秋 著
语文修养	刘叶秋 著
笔祸史谈丛	黄裳 著
古典目录学浅说	来新夏 著
闲谈写对联	白化文 著
汉字知识	郭锡良 著
怎样使用标点符号（增订本）	苏培成 著
汉字构型学讲座	王宁 著

诗境浅说	俞陛云	著
唐五代词境浅说	俞陛云	著
北宋词境浅说	俞陛云	著
南宋词境浅说	俞陛云	著
人间词话新注	王国维 著	滕咸惠 校注
苏辛词说	顾随 著	陈均 校
诗论	朱光潜	著
唐五代两宋词史稿	郑振铎	著
唐诗杂论	闻一多	著
诗词格律概要	王力	著
唐宋词欣赏	夏承焘	著
槐屋古诗说	俞平伯	著
词学十讲	龙榆生	著
词曲概论	龙榆生	著
唐宋词格律	龙榆生	著
楚辞讲录	姜亮夫	著
读词偶记	詹安泰	著
中国古典诗歌讲稿	浦江清 著 浦汉明 彭书麟	整理
唐人绝句启蒙	李霁野	著
唐宋词启蒙	李霁野	著
唐诗研究	胡云翼	著
风诗心赏	萧涤非 著 萧光乾 萧海川	编
人民诗人杜甫	萧涤非 著 萧光乾 萧海川	编
唐宋词概说	吴世昌	著
宋词赏析	沈祖棻	著
唐人七绝诗浅释	沈祖棻	著
道教徒的诗人李白及其痛苦	李长之	著
英美现代诗谈	王佐良 著 董伯韬	编
闲坐说诗经	金性尧	著
陶渊明批评	萧望卿	著

古典诗文述略	吴小如 著
诗的魅力	
——郑敏谈外国诗歌	郑　敏 著
新诗与传统	郑　敏 著
一诗一世界	邵燕祥 著
舒芜说诗	舒　芜 著
名篇词例选说	叶嘉莹 著
汉魏六朝诗简说	王运熙 著　董伯韬 编
唐诗纵横谈	周勋初 著
楚辞讲座	汤炳正 著
	汤序波　汤文瑞 整理
好诗不厌百回读	袁行霈 著
山水有清音	
——古代山水田园诗鉴要	葛晓音 著

红楼梦考证	胡　适 著
《水浒传》考证	胡　适 著
《水浒传》与中国社会	萨孟武 著
《西游记》与中国古代政治	萨孟武 著
《红楼梦》与中国旧家庭	萨孟武 著
《金瓶梅》人物	孟　超 著　张光宇 绘
水泊梁山英雄谱	孟　超 著　张光宇 绘
水浒五论	聂绀弩 著
《三国演义》试论	董每戡 著
《红楼梦》的艺术生命	吴组缃 著　刘勇强 编
《红楼梦》探源	吴世昌 著
《西游记》漫话	林　庚 著
史诗《红楼梦》	何其芳 著
	王叔晖 图　蒙　木 编
细说红楼	周绍良 著
红楼小讲	周汝昌 著　周伦玲 整理

曹雪芹的故事	周汝昌 著	周伦玲 整理	
古典小说漫稿	吴小如 著		
三生石上旧精魂			
——中国古代小说与宗教	白化文 著		
《金瓶梅》十二讲	宁宗一 著		
中国古典小说十五讲	宁宗一 著		
古体小说论要	程毅中 著		
近体小说论要	程毅中 著		
《聊斋志异》面面观	马振方 著		
《儒林外史》简说	何满子 著		
我的杂学	周作人 著	张丽华 编	
写作常谈	叶圣陶 著		
中国骈文概论	瞿兑之 著		
谈修养	朱光潜 著		
给青年的十二封信	朱光潜 著		
论雅俗共赏	朱自清 著		
文学概论讲义	老舍 著		
中国文学史导论	罗庸 著	杜志勇 辑校	
给少男少女	李霁野 著		
古典文学略述	王季思 著	王兆凯 编	
古典戏曲略说	王季思 著	王兆凯 编	
鲁迅批判	李长之 著		
唐代进士行卷与文学	程千帆 著		
说八股	启功	张中行	金克木 著
译余偶拾	杨宪益 著		
文学漫识	杨宪益 著		
三国谈心录	金性尧 著		
夜阑话韩柳	金性尧 著		
漫谈西方文学	李赋宁 著		
历代笔记概述	刘叶秋 著		

周作人概观	舒芜 著	
古代文学入门	王运熙 著	董伯韬 编
有琴一张	资中筠 著	
中国文化与世界文化	乐黛云 著	
新文学小讲	严家炎 著	
回归,还是出发	高尔泰 著	
文学的阅读	洪子诚 著	
中国文学1949—1989	洪子诚 著	
鲁迅作品细读	钱理群 著	
中国戏曲	么书仪 著	
元曲十题	么书仪 著	
唐宋八大家		
——古代散文的典范	葛晓音 选译	
辛亥革命亲历记	吴玉章 著	
中国历史讲话	熊十力 著	
中国史学入门	顾颉刚 著	何启君 整理
秦汉的方士与儒生	顾颉刚 著	
三国史话	吕思勉 著	
史学要论	李大钊 著	
中国近代史	蒋廷黻 著	
民族与古代中国史	傅斯年 著	
五谷史话	万国鼎 著	徐定懿 编
民族文话	郑振铎 著	
史料与史学	翦伯赞 著	
秦汉史九讲	翦伯赞 著	
唐代社会概略	黄现璠 著	
清史简述	郑天挺 著	
两汉社会生活概述	谢国桢 著	
中国文化与中国的兵	雷海宗 著	
元史讲座	韩儒林 著	

魏晋南北朝史稿	贺昌群 著
汉唐精神	贺昌群 著
海上丝路与文化交流	常任侠 著
中国史纲	张荫麟 著
两宋史纲	张荫麟 著
北宋政治改革家王安石	邓广铭 著
从紫禁城到故宫 ——营建、艺术、史事	单士元 著
春秋史	童书业 著
明史简述	吴晗 著
朱元璋传	吴晗 著
明朝开国史	吴晗 著
旧史新谈	吴晗 著 习之 编
史学遗产六讲	白寿彝 著
先秦思想讲话	杨向奎 著
司马迁之人格与风格	李长之 著
历史人物	郭沫若 著
屈原研究（增订本）	郭沫若 著
考古寻根记	苏秉琦 著
舆地勾稽六十年	谭其骧 著
魏晋南北朝隋唐史	唐长孺 著
秦汉史略	何兹全 著
魏晋南北朝史略	何兹全 著
司马迁	季镇淮 著
唐王朝的崛起与兴盛	汪篯 著
南北朝史话	程应镠 著
二千年间	胡绳 著
论三国人物	方诗铭 著
辽代史话	陈述 著
考古发现与中西文化交流	宿白 著
清史三百年	戴逸 著

清史寻踪	戴逸 著	
走出中国近代史	章开沅 著	
中国古代政治文明讲略	张传玺 著	
艺术、神话与祭祀	张光直 著	
	刘静 乌鲁木加甫 译	
中国古代衣食住行	许嘉璐 著	
辽夏金元小史	邱树森 著	
中国古代史学十讲	瞿林东 著	
历代官制概述	瞿宣颖 著	

宾虹论画	黄宾虹 著	
中国绘画史	陈师曾 著	
和青年朋友谈书法	沈尹默 著	
中国画法研究	吕凤子 著	
桥梁史话	茅以升 著	
中国戏剧史讲座	周贻白 著	
中国戏剧简史	董每戡 著	
西洋戏剧简史	董每戡 著	
俞平伯说昆曲	俞平伯 著	陈均 编
新建筑与流派	童寯 著	
论园	童寯 著	
拙匠随笔	梁思成 著	林洙 编
中国建筑艺术	梁思成 著	林洙 编
沈从文讲文物	沈从文 著	王风 编
中国画的艺术	徐悲鸿 著	马小起 编
中国绘画史纲	傅抱石 著	
龙坡谈艺	台静农 著	
中国舞蹈史话	常任侠 著	
中国美术史谈	常任侠 著	
说书与戏曲	金受申 著	
世界美术名作二十讲	傅雷 著	

中国画论体系及其批评	李长之 著	
金石书画漫谈	启 功 著	赵仁珪 编
吞山怀谷		
——中国山水园林艺术	汪菊渊 著	
故宫探微	朱家溍 著	
中国古代音乐与舞蹈	阴法鲁 著	刘玉才 编
梓翁说园	陈从周 著	
旧戏新谈	黄 裳 著	
民间年画十讲	王树村 著	姜彦文 编
民间美术与民俗	王树村 著	姜彦文 编
长城史话	罗哲文 著	
天工人巧		
——中国古园林六讲	罗哲文 著	
现代建筑奠基人	罗小未 著	
世界桥梁趣谈	唐寰澄 著	
如何欣赏一座桥	唐寰澄 著	
桥梁的故事	唐寰澄 著	
园林的意境	周维权 著	
万方安和		
——皇家园林的故事	周维权 著	
乡土漫谈	陈志华 著	
现代建筑的故事	吴焕加 著	
中国古代建筑概说	傅熹年 著	
简易哲学纲要	蔡元培 著	
大学教育	蔡元培 著	
	北大元培学院 编	
老子、孔子、墨子及其学派	梁启超 著	
春秋战国思想史话	嵇文甫 著	
晚明思想史论	嵇文甫 著	
新人生论	冯友兰 著	

中国哲学与未来世界哲学	冯友兰 著	
谈美	朱光潜 著	
谈美书简	朱光潜 著	
中国古代心理学思想	潘菽 著	
新人生观	罗家伦 著	
佛教基本知识	周叔迦 著	
儒学述要	罗庸 著	杜志勇 辑校
老子其人其书及其学派	詹剑峰 著	
周易简要	李镜池 著	李铭建 编
希腊漫话	罗念生 著	
佛教常识答问	赵朴初 著	
维也纳学派哲学	洪谦 著	
大一统与儒家思想	杨向奎 著	
孔子的故事	李长之 著	
西洋哲学史	李长之 著	
哲学讲话	艾思奇 著	
中国文化六讲	何兹全 著	
墨子与墨家	任继愈 著	
中华慧命续千年	萧萐父 著	
儒学十讲	汤一介 著	
汉化佛教与佛寺	白化文 著	
传统文化六讲	金开诚 著	金舒年 徐令缘 编
美是自由的象征	高尔泰 著	
艺术的觉醒	高尔泰 著	
中华文化片论	冯天瑜 著	
儒者的智慧	郭齐勇 著	
中国政治思想史	吕思勉 著	
市政制度	张慰慈 著	
政治学大纲	张慰慈 著	
民俗与迷信	江绍原 著	陈泳超 整理

政治的学问	钱端升 著	钱元强 编
从古典经济学派到马克思	陈岱孙 著	
乡土中国	费孝通 著	
社会调查自白	费孝通 著	
怎样做好律师	张思之 著	孙国栋 编
中西之交	陈乐民 著	
律师与法治	江 平 著	孙国栋 编
中华法文化史镜鉴	张晋藩 著	
新闻艺术（增订本）	徐铸成 著	
经济学常识	吴敬琏 著	马国川 编
中国化学史稿	张子高 编著	
中国机械工程发明史	刘仙洲 著	
天道与人文	竺可桢 著	施爱东 编
中国医学史略	范行准 著	
优选法与统筹法平话	华罗庚 著	
数学知识竞赛五讲	华罗庚 著	
中国历史上的科学发明（插图本）	钱伟长 著	

出版说明

"大家小书"多是一代大家的经典著作,在还属于手抄的著述年代里,每个字都是经过作者精琢细磨之后所拣选的。为尊重作者写作习惯和遣词风格、尊重语言文字自身发展流变的规律,为读者提供一个可靠的版本,"大家小书"对于已经经典化的作品不进行现代汉语的规范化处理。

提请读者特别注意。

北京出版社